GÜNTER HERBURGER

ausgewählte Gedichte
von Schriftstellern und Freunden

Mirko Bonné

Oswald Burger

Dietmar Dath

Gerd Holzheimer

Jürgen Klingel

Karlheinz Kluge

Susanne Lang

Dr. Wolfgang Proske

Anja Röhl

Hermann Schleicher-Rövenstrunck

Siegfried Späth

Jürgen-Peter Stössel

Anthimos Toupheksis

Jan Wagner

Herausgeber:
Jürgen Klingel | Siegfried Späth

Layout, Satz und Gestaltung:
Siegfried Späth, Ulm
siegfriedspaeth@t-online.de
Titelbild und Fotografie auf Seite 63 © 2018 Dirk Skiba

© 2020
Herstellung und Verlag:
BoD – Books on Demand Norderstedt.
ISBN: 9783751996976

Jürgen Klingel | Siegfried Späth

Ulm im März/April 2019

„Der Wecker auf dem Marmortisch
im Haus wird lauter,
wir stehen auf, besinnen uns, schauen hinaus
und freuen uns, noch da zu sein.“
Günter Herburger

Es ist nun ein Jahr her, dass Günter Herburger starb.
Sie kennen ja seine Vita; 1932 in Isny im Allgäu geboren, ein
ungewöhnlich buntes Leben lebend, schrieb er in seltener
Vielfalt so gut wie in allen Genres der Literatur.

Wir haben nun die Idee, eine kleine Auswahl mit Gedichten von
Günter Herburger zu besorgen, schrieb er doch sein Lebtag in
allen und zu allen Zeitläuften Gedichte in ganz eigener Sprache
von großer Einprägsamkeit und Schönheit.

Unsere Idee also ist es, für diesen Gedichtband - wir dachten an
mindestens 50 Gedichte - auch einige Freundinnen und Freunde von
Günter Herburger zu bitten, ein Gedicht von ihm auszusuchen und
mit einem Begleittext in diese Sammlung zu geben.
Schön wäre es, wenn Sie bei diesem Unternehmen mittun würden.

Die Drucklegung des Bandes soll zu den baden-württembergischen
Literaturtagen, die u.a. in Isny im Jahr 2020 stattfinden, erfolgen.

Daher wäre es gut, wenn Sie uns bis Ende Juli 2019 Ihr
Günter-Herburger-Lieblingsgedicht mit Begleittext zusenden.

Per email an: siegfriedspaeth@t-online.de

„ . . . in der Zukunft wird einer vom anderen lernen, wird in den Furchen die Mikroben um sich sammeln und im Weltraum Sternenstaub. Es soll, wenn es gelingt, ein Fest werden gleich den feurigen Flüssen aus dem Erdinnern, wie die Schreie über den Brutkolonien an den Vogelfelsen Grönlands, abgestimmt mit dem begeisterten Flüstern der Röntgensignale von fernen Galaxien. Das Netz das uns umfasst, ist längst geknüpft.

| Günter Herburger |

geboren am 6. April 1932 in Isny im Allgäu, gehört zu den wichtigsten Stimmen der deutschsprachigen Literatur.

Er studierte in München Theaterwissenschaften, Literatur, Philosophie und Sanskrit und ging 1953 für drei Jahre nach Paris.

1964 erschien sein erstes Buch „Eine gleichmäßige Landschaft". Im gleichen Jahr kam es zu einer ersten Teilnahme an der Tagung der Gruppe 47.

Günter Herburger veröffentlichte zahlreiche Romane, Erzählungen, Gedichtbände, Hörspiele und Filmdrehbücher.

Seit 1983 nimmt er regelmäßig an Marathon- und Extremlangstreckenläufen teil.

Für sein Gesamtwerk erhielt er zahlreiche Preise und Auszeichnungen, u. a. den Lübecker Autorenpreis, den Peter-Huchel-Preis und den Hans-Erich-Nossack-Preis.

Günter Herburger starb am 3. Mai 2018 in Berlin.

Seine letzten Werke:
Schatz, Liebesgedichte
Kugelberg-Verlag 2015, ISBN 978-3-945893-03-6

Wildnis, singend, Roman
Hanani 2016, ISBN 978-3-944174-24-2

In Planung: sein letzter Gedichtband „Stolz der Urnen", kurz vor seinem Tod vollendet.

| Mirko Bonné |

Saurüssele (*aus: Der Kuss*)

Das Wichtigste,
was man von Schweinen
lernen kann: kein Mensch zu sein.

Sie sind sehr sauber,
sehr gefühlvoll, ein wenig zänkisch,
kämpferisch, aber dann lieben
sie einander wieder,
und wenn sie weinen,
was sie gerne tun, schreien
sie kaum und lächeln dabei.

Einen Tag, bevor sie
geschlachtet werden sollen,
sind sie nervös und konfus,
rennen umher und beschmutzen sich.
Dann beginnen sie zu singen,
sehr tief und sehr hoch,
wir vermögen es nicht zu hören.

Kein einziges Schwein ist bekannt,
das alt, krank und mager
noch auf der Weide lebte,
ganz und gar nicht allein,
weil umgeben von Igeln,
sodass, wenn es stirbt,
es auch ein Häufchen wäre,
bedeckt von Blättern und Geschmeiß,
deren Konzerte
wir niemals vernehmen.

Der Dornenbarsch (*aus: Ein Loch in der Landschaft*)

Sein Maul aufgerissen,
erstickt ist er, der kleine Mensch,
ein Lungen- und Kiemenatmer.

Ausgenommen, filetiert,
den Kopf abgeschnitten,
wird er mit Fischgarn umwickelt
und liegt auf einem Gemüsebeet,
kurz in Öl gebraten.

Manchmal steigt der Züchter,
ein Biologe, ins Bassin,
möchte, um ihn zu lieben,
seinen Tauchanzug ablegen,
was ihm erst gelingen wird,
wenn er geworden ist wie er.

Tausende schwimmen durcheinander,
gemästet von Fett- und Eiweißtropfen
sowie Spurenelementen. Die Gestapelten
reiben sich gegenseitig wund.

Der Dornenbarsch bricht aus,
treibt sich vor Helgoland herum.
Seine Hysterie und Doppeldeutigkeit
bedient sich akustisch-haptischer Nautik.

Weberknecht *Mirko Bonné für Günter Herburger*

Auf haarfeinen acht Leitern
steigt ein silbernes Auge
durch Lichtvierecke, da,
gesehen? – es blinzelt.

Der Wald. Alles Messer,
Nadeln endlos. Worauf
so ein Augendesperado
auf acht Klingen steigt.

Er hat Dornenwimpern.
Bebt, wenn im Weiher
Forellen trauern, still
weinen unter Wasser,

oder ganz unfassbar
Blätter zittern, Pappeln
im erfinderischen Wind –
einmal so erfunden sein.

So kommt er auf dich zu,
du fahle Karkasse. Äugt,
nimmt dich in den Blick
und deinen mit sich fort.

24. 3. 2011 *Brief von Günter Herburger an Mirko Bonné*

Lieber Mirko Bonné

ich habe solche Gedichte noch nie gelesen, nirgendwo. Sie stürzen schwebend wie vom Himmel herab.Was für eine Pracht der Vorsicht, der Sehnsucht, des versteckten Begehrens, und immer wieder dann und wann ein Schnörkel der Kokettheit. Es ist einzigartig.
Die Luft darin entzückt mich besonders. Es sind sehr moderne Gedichte der Abkürzungsmöglichkeiten (sic!) und der Gedankenschnelle. Ich weiß, daß solche Manöver im Englischen besonders leichter sind, aber Sie haben auch etwas dazu getan, indem Sie, um schließlich abzuschließen, den germanischen Spachtel zückten.
(...)

Verehrter Mirko Bonné, Sie haben mir mit diesen Gedichten ein riesiges Geschenk gemacht. Als ich zum ersten Mal las, weinte ich zweimal, aber nur nachts. Im Bett liegend wie ein Brett mit angelegten Armen, stellte ich mir vor, wie (statt „wir". M.B.) gingen vorsichtig nebeneinander spazie(ren,) denn ich war in sie verliebt, und so wird es immer wieder geschehen,
Einmal faßten wir uns an den Händen, dann rieben die Schultern zart aneinander, und irgendwann, vor ihrer Tür, zu (der) eine Treppe hinaufführte (), küßten wir uns mit trockenen Lippen. Mehr hätte niemals geschehen können.

Wer war sie? Immer in derselben Stadt? Hatte sie noch Eltern, Geschwister? Von was lebte sie? Wie entstand die glühende Einsamkeit. Aus Religiosität? Daran glaube ich nicht. Denn sie hat den ewigen Geliebten stets vor sich hergeschickt, als wollte sie allein den Himmel erforschen, auch hatte der Geliebte kaum einen Makel. (...)

Manchmal gab sie ihm eine kaum ausgeführte Ohrfeig(e,) um wieder Platz zu kriegen für ihre Sehnsucht, die sie am Leben hielt. Was für ein einzigartiges Geschöpf, dessen Dichtung sich zu uns herüberwölbt () und ganz und gar zu nichts auffordert, allein den Schein behält eines wunderbaren (sic!) Begehrens, das nie erfüllt wird. Es ist, als würde(n) wir mehrmals zur Blutspendung gehen, um wenigstens (äußer?)lich schüchterner zu werden.

(...)

Wenn Sie in Friedenau sind, möchte ich Sie gern treffen, aber das schrieb (ich) wahrscheinlich auch ()(schon). Ich werde wie ein bekleideter Esel vor Ihnen stehen. (Na, na, zurück, Haltung, so wird's nicht sein.)

Herzlich Ihr Günter Herburger

19. 2. 2012 *Brief von Günter Herburger an Mirko Bonné*

Ich habe mir verboten, zwei, drei Jahre keine Gedichte mehr zu schreiben, dafür kommt im Frühjahr ein Erholungsbüchlein heraus: 'Haitata', kleine geschwinde Romane.

Lieber Mirko Bonné,

ich schwebte in Ihren Gedichten dahin, dachte, wieso macht er sie, denn ich könnte solche nicht schreiben, aber dann fand ich, daß eine Menge Mädchen und junger Frauen dabei waren, denen auch nicht gewidmet wird, was ich niemals tun würde, denn Gedichte werden dadurch nicht besser, eher gewöhnlicher, wie nach einem Abwasch in der Küche, doch dann stakste der Weberknecht auf mich zu, mit seinen Karkassen-Augen unbeirrt und nahm mich mit.

13

Jesus, dachte ich, wer ist denn das? Und jetzt erst sah ich, daß das Gedicht mir gewidmet ist. – Danke, obzwar unnötig, ich hätte auch ohne Widmung begriffen.

Bei Emily Dickinson breche ich sofort ein und () erhalte ziemliches Flattern im Magen. Es ist wunderbar, wie Sie übersetzen können, neuzudichten vermögen. Ich weiß nicht, woher Sie diese Fähigkeit haben? Mich hat übersetzen nie sehr interessiert.

Ich las zuerst immer den englischen Text, dessen Fähigkeiten ich nicht ermessen kann, auch, weil mir Vokabeln fehlen. Dann las ich die Übersetzung und staunte immer wieder, wie elegant und leicht Sie diese Schwanenhals-Gedichte in ihre anderen Formen bringen, die manchmal bei der Dickinson bis zum Rand geraten, als breche der Hals ab. (…)

Ich habe nur einmal aus dem Französischen übersetzt, doch der Text gefiel mir oft nicht, also habe ich meinen hineingeschrieben. Niemand hat es gemerkt.
Ach, die Dickinson in ihrem Haus.Ich stünde davor, sie käme heraus, wir gingen durch den nächtlichen Garten, und beim Abschied wieder vor der Tür, umarmte sie mich flüchtig, und wir küßten uns mit einem Hauch. – Sehen Sie, schon wieder, wegen ihr, wurde eine Art Gedicht daraus.
Ich wünsche ein harmloses Jahr,
was (sic!) ich es auch mir wünsche, herzlich Ihr

Günter Herburger (geschrieben mit einem „Parker rolled Gold, made in England", der zu spitzig schreibt. Diese Verehrung mit einem Edelgerät ging daneben.

Gefühlte Weite *von Mirko Bonné*
Zur Erinnerung an Günter Herburger

Ein letztes Mal
den Baum bestaunt,
der die Straße baut,

zum letzten Mal
abgetastet Zähne
mit der Zunge,

zuletzt noch mal
die Küste besucht,
Küsse im Dunkeln.

I Oswald Burger I

Der Fürst liegt
auf seinem Bett,
wird angezündet.
Hinter ihm steht seine Frau,
tief ein und ausatmend.

Das Boot wird irgendwann
lodernd im Fjord versinken.

Der ganze Stamm
steht noch an der Küste,
schickt brennende Pfeile nach.
Kein Kind weint,
kein Wolfshund jault.

(aus: Schatz. Liebesgedichte)

Als ich erfuhr, dass Rosemarie Herburger am Ostersonntag 2018 gestorben war und man mir die Umstände ihres Todes schilderte, erinnerte ich mich sofort an das Gedicht, mit dem der Band „Schatz" beginnt.

Und als vier Wochen später, am 3. Mai 2018, auch Günter Herburger starb, stürzte mich das in kuriose Verwirrungen.
Hatte er geahnt, dass seine Frau die Wohnung anzünden würde?
Wusste er, dass er dabei selbst auch umkommen könnte?
Oder hatte ich das Gedicht nicht richtig verstanden?

Als schließlich die Beerdigung in Isny bevorstand, war ich mir sicher, dass Günter Herburger nicht christlich beerdigt werden wollte, sondern dass er als Freidenker keine religiöse Feier wollte.

Erst am Vorabend der Beerdigung rief mich der evangelische Pfarrer Ziegler aus Isny an, ob ich einen Nachruf auf der Schriftsteller Günter Herburger sprechen könne. Er selbst werde ihn als Christ bestatten. Offenbar war Günter Herburger nie aus der evangelischen Kirche ausgetreten und habe wohl einmal im Jahr seine Frau zu einem Gottesdienst begleitet. Daraufhin verzichteten die Freidenker auf ein eigenes Beerdigungsritual und konnten auch nicht Günter Herburgers Wunsch durchsetzen, dass er stehend beerdigt werden wollte.

Nach einigem Zögern sagte ich zu, auf der Beerdigung zu sprechen. Es war dann eine ganz formelle christliche Zeremonie mit Gebeten (22. Psalm, „Vater unser"), Liedern („Großer Gott wir loben dich", „Von guten Mächten", „Befiehl du deine Wege"), Schriftlesung (Röm. 8, 31-39), Predigt, am Grab einem „Auferstehungswort" und am Ende dem Segen des Pfarrers. Mein Part war dabei ein „Nachruf" mit Erinnerungen an den Autor und Aufklärer Günter Herburger und an seine legendären Auftritte beim Literarischen Forum Oberschwaben.

Etwa 40 Personen waren anwesend, von den literarischen Kolleginnen und Kollegen nur zwei, Stefanie Kemper und Claudia Scherer. Ich sah die beiden Kinder Katrine und Oliver, Verwandte, Freunde und den Isnyer Bürgermeister, kein Kind, keinen Wolfshund.
Die „grüne Hölle Allgäu", wie er gelegentlich seine Heimat nannte, hatte ihn wieder. Ich verließ das Allgäu mit der sicheren Empfindung, dass Günter Herburger es so nicht gewollt hatte.

Als ich wenige Wochen danach an Günter Herburgers Wohnhaus in der Blissestraße 65 in Berlin vorbei kam, stand auf dem Klingelschild immer noch „Herburger", die Wohnung im ersten Stock des schönen Jugendstilhauses sah leer und unbewohnt aus.
Brandschäden waren nicht mehr sichtbar.

| Dietmar Dath |

Poetische Technik *(aus: Operette)*

Das harte kleine Leistungsgesicht meines Sohnes,
wenn er sich von oben bis unten wäscht,
was er hygienisch nennt.

Das zarte reine Begeisterungsgesicht auf einen Sohn,
das von oben bis unten gewaschen wird,
wenn verschämte Rührung brennt.

Rabiate Verheißungsgedicht auf einem Thron,
von oben bis unten gewachst,
daß das Zeilenmaß rennt.

Wer Leser hat, bereut es schon, wenn er verspricht,
von oben bis unten gewaschen oder nicht,
was keine Lösung kennt.

Das harte kleine mürrische Gesicht meines Sohnes
von oben bis unten abgeküßt und naß,
wenn es gewaschen wird und flennt.

In Gedichten von Gedichten zu sprechen und davon, wie das geht, ein Gedicht machen, ist verboten. Nur Asoziale machen das, die nicht dankbar dafür sind, dass sie sich zurückziehen dürfen, um mit Menschen zu reden, also das Beste aus beiden Sphären mitnehmen, der privaten und der öffentlichen. Aber dann macht Herburger das Verbotene, und er macht es so:

Das harte kleine Leistungsgesicht meines Sohnes,
wenn er sich von oben bis unten wäscht,
was er hygienisch nennt.

Die Überschrift verrät, zu welchem verbotenen Zweck diese erste Strophe hinführt, und dann kommt die zweite, die es bereits erreicht, dieses Verbotene:

Das zarte reine Begeisterungsgedicht auf einen Sohn,
das von oben bis unten gewaschen wird,
wenn verschämte Rührung brennt.

Es reimen sich also nicht einfach Zeilen, sondern Strophen, und später wird's noch raffinierter; das Gedicht erreicht, obwohl (oder weil) am Ende geflennt wird, eine Perfektion, die von allen Schwierigkeiten loskommt, ohne sie zu leugnen, den lyrischen und den menschlichen. Man darf, lehrt das Schmuckstück, auch mal asozial sein, solange es in der Familie bleibt.

Nähe (*aus: Im Gebirge*)

Jetzt sind Tankstellen
auch nachts geöffnet.

Es gibt Bier,
vielerlei Liköre, verschweißte Brote,
Zeitungen und aufblasbare Puppen,
überlebensgroß.

Manchmal treten Ameisen,
aufrecht gehend, an den Rand der Kasse,
was niemanden zu stören scheint,
und verlangen nach Wechselgeld.

Vielleicht stammt diese Pracht
aus kleinen, gelben Lexika,
die ebenfals vorrätig sind?

Mitunter landet ein Fallschirmspringer,
der bittet, Stellen aus seinen Lehrbüchern
über Philosophie und Strömungstechnik
nicht mehr zu erwähnen, auf dem Flachdach
und verlangt nach Petroleum,
weil er am nächsten Tag in großer Höhe
Fenster putzen müsse.

Schwarze, umhereilende Inseln
in den Glaskörpern der Augen,
fügten sich zusammen;
es war nichts mehr zu sehen

jedoch im Hintergrund
lief einer durch Straßen.

Jesus, dachte ich,
wie schnell und leicht er ist!
Er beginnt morgens,
ohne zu essen, wie ich.

Zwei Seiten, darauf die gesamte Teichweite der Lyrik, erstes Wort: „Jetzt", letztes Wort: „ich". Dazwischen passiert alles, unter anderem „landet ein Fallschirmspringer", kein reiner Abenteurer und Action-Kerl natürlich, wir sind bei Herburger, es ist ein sportlicher Gelehrter. Auch das Gedicht lehrt etwas, ohne Anstrengung: Wie „jetzt" für immer gilt und dass „ich" eine Einladung an alle ist, sich anzuschauen, was wir noch nicht wissen. Zum Staunen, „wie schnell und leicht er ist!" So schreiben: eine unglaublich raffinierte Art, Freiheit zu fordern, indem man auf etwas deutet, das schon fast frei ist.

Meine Tochter und ich *(aus: Orchidee)*

Im Zoo, wo die grauen Elefanten
mit ihren großen Ohren,
schweren Häuptern
und langen Rüsseln
vor Langeweile leise zanken,
stehen wir und essen
kleine, gesalzene Nüsse,
verachten die unnatürliche
Menschlichkeit der Affen,
beugen uns nieder, immer tiefer
gleich den Giraffen, die nur
mit auseinandergestellten Beinen
Wasser lassen können,
streicheln uns im Anblick
von Schlangen langsam und schön
und geben uns flüchtige Küsse,
die schon vorüber sind,
bevor sie uns bewegen.

Im Zoo, wo die vielen Tierarten
auch bei Regen auf Besuch warten,
weil jeder Schatten
ihnen wenigstens ein Echo
ihrer Instinkte bringt,
dort beginnen wir zu weinen,
klammern uns aneinander,
hören den häßlichen Schreien
der Pfauen zu,

die ein Rad schlagen,
und vergessen allmählich
wo wir sind.

Wir dürfen uns nicht entzweien,
müssen gemeinsam größer werden,
das Winterfell abstoßen,
den Bast von den Geweihen,
meine Tochter und ich,
wir verzichten nicht.

Ein Schnappschuß, wie man damals sagte, als die Kameras noch nicht
klüger waren als diejenigen, die sie bedienen, eine Aufnahme vom Be-
such im Zoo, und auf einmal passiert's: Während man das Wortfoto
anschaut, wird es schärfer, dichter, tiefer und sagt am Ende:

Meine Tochter und ich,
wir verzichten nicht.

Das ist kein Reim, klar. Aber das ist etwas, das viel besser und der
Dichtung viel näher ist als ein einfacher Reim: Das ist etwas, das unbe-
dingt ein Reim werden möchte, das ist die Sehnsucht nach dem Reim,
die Hoffnung, es könnte Gedichte geben, obwohl die Welt so ist, wie
sie ist.

Kinder des Lichts *(aus: der Kuss)*

Sie essen den Mond,
können hören wie Flughunde,
die ihre Häute um sich schlagen
gleich Tulpen mit wenig Raum,
sich gegenseitig lausend,
da die Liebe ewig währen soll.

Ziegenmelker und Zebrafinken
vermögen selbst beim Einatmen
zu singen, darüber Staub und Glut,
ein speiender Regenbogen.

Der lachende Hans, ein Eisvogel,
sitzt noch auf dem Zweig.
Was soll das Gefiedertier tun?

Ein Religionslehrer, dreiundzwanzig,
küsst, sie ist vierzehn, eine Konfirmandin.
Sie gehen nachts in den Wald,
um zu heiraten.
Den Segen spricht
ein noch grüner Tannenzapfen.

Das Werklein fängt an, wie irgendwelche Surrealistinnen oder Ima-
gisten anfangen könnten, echte von damals oder nachgemachte von
heutzutage: „Sie essen den Mond.“

Ähnlich verzaubert geht das weiter, und man könnte sich einlullen lassen davon, wie alltäglich und unriskant solche Zaubertricks inzwischen geworden sind, man kann sie ja sogar in Bewegung zeigen, muss sie nicht mehr schreiben oder zeichnen oder malen, sondern darf sie mittels Computerprogramm als Filme programmieren: „Ein speiender Regenbogen" mag heute leicht eine Bierwerbung werden. Nur folgt eine Geschichte, die in keiner Reklame und keinem Kino Platz hätte:

Ein Religionslehrer, dreiundzwanzig,
küsst, sie ist vierzehn, eine Konfirmandin.
Sie gehen nachts in den Wald,
um zu heiraten.
Den Segen spricht
ein noch grüner Tannenzapfen.

Die Zeile „um zu heiraten" behauptet unwiderleglich den Künstler, der sich in keinem Zwang des Marktes zum Kunstgewerbe (ob als Verkaufsdeutsch in der Kreativindustrie oder als Poesiedreck im Literaturhaus) fügen würde, weil er weiß: Das Wahnsinnigste und das Schönste sagt man leise und unaufgeregt und dennoch mit Nachdruck, sonst entehrt man sich.

Der Zeilenfall, der lyrische, von „Sie essen den Mond" bis „ein noch grüner Tannenzapfen" aber ist dadurch das, was die Zeilenleiter bei Gedichten sein kann, wenn die Gedichte groß sind: ein Aufstieg vom Abstrakten zum Konkreten, vom Einfall zur Wahrnehmung, ein erarbeitetes „pass auf, so könnt's sein."
Und es ist wirklich so.

Schwäbisches Großbürgertum *(aus: Ziele)*

So rum oder so rum?
Wia moinet Sia dees?
Links oder rechts?
Mein Mann ischt
Ladenkettenbesitzer.
Ach, so!
Äbe.
Und Sia selber?
Ich schpiele am
Schloßparktheater.
Als Schauspielere?
Freilich.
Mei Kompliment.
Erscht neilich hab ich
eine ganze Woch lang
jeden Abend Aufdritt ghabt.
Wenn mier koi Sauna im Haus
und koi Schwimmbad
nebe'm Schloafzimmer hättet,
läg ich längscht im Grab.
Dann sind Sia zfriede?
Nein.
Wo fehlt's denn no,
wenn's so an nix fehlt?
I bin nett froh,
um meine Seele weht oft
eine Düschternis,
man kann nicht ohne
Angscht und Zittern

an die Zukunft denke, ich glaube,
sie wird fürchterlich.

Moinet Sie, oines Dags
wird Ihne älles gnomme?
I glaub schon.
Und fürchtet Sia,
daß Sie in dem Theäterle
denn au nimme z'Wort kommet?
I bin davon ieberzeugt.
Alle Achtung!
De Mund zua, roat i Ihne,
net diea Platinzäh zoige,
glei in Lichtestoin
an Bunker baue und neuschlupfe,
bevor es Sia reut.

Zum Glück hatte ich, dank einem sehr guten Deutschlehrer an der
Grundschule, schon Herburgers „Birne"-Kinderbücher kennengelernt
und wusste, dass man sich auf das, was dieser Dichter zu sagen hatte,
unbedingt verlassen konnte, wenn man älter und größer, aber nicht
blöder werden wollte. Ich war also bereit für seine Erwachsenentexte,
die mir weiterhelfen sollten – zum Beispiel für Herburgers schwäbische
Mundartgedichte. Wären mir die nicht begegnet, hätte ich Mundartge-
dichte gehasst. Denn auf dem Gymnasium gab's einen doofen Deutsch-
lehrer, der auch welche schrieb, sogar in einer Mundart, die mir näher
lag als nun gerade das Schwäbische, nämlich auf alemannisch.

Wir in Baden mochten und mögen die Schwaben ja nicht besonders; in meinem Fall war das sogar begründbar, denn die Verwandtschaft meiner Mutter sprach Schwäbisch und gehört mit Ausnahme meines seligen Großvaters zweifellos zu den übelsten Menschen, die ich je erlebt habe und hoffentlich je erleben werde. Der alemannische Mundartdichter nun, der zugleich Deutsch unterrichtete, forderte die seinem Schutz und seiner Belehrung anempfohlenen jungen Menschen auf, nur recht viel Mundart zu reden, das sorge für Heimatverbundenheit, das verhindere Allüren, da erlebe man sich als Teil einer bodenständigen Gemeinschaft und so weiter. Da er sich für die jungen Menschen viel weniger interessierte als für seine Wichtigkeiten und Dichtereien, fiel ihm nicht auf, dass er damit die fiesesten, trägsten, denkfaulsten Leute in der Klasse ermutigte, es den Schwächeren, Denkwilligeren, denen, die träumten und Bücher lasen, unter die Nase zu reiben, wie wenig heimatverbunden und so weiter die seien, also: dass das antiintellektuelle Nazischeiße war, was dieser (politisch übrigens irgendwie vage grüngestrickte) Lehrer den Jungs und Mädchen da einpflanzte.

Ich fand aus Oppositionsgeist gegen den Typen daher, Hochdeutsch sei viel präziser, technischer, dabei voller Möglichkeiten zur Spekulation über noch nie Dagewesenes, Utopisches, eben wie Herburgers „Birne"-Bücher. Dann aber stieß ich auf das Gedicht „Schwäbisches Großbürgertum" von Herburger, abgedruckt in „Ziele", und die großartigen Verse zum Auftakt:

So rum oder so rum?
Wia moinet Sia dees?
Links oder rechts?
Mein Mann ischt
Ladenkettenbesitzer.
Ach, so!
Äbe.

In diesem Dialog scheint der Mißbrauch der großen Geste, die das Hochdeutsche erlaubt („Mein Mann", wo schon das besitzanzeigende Fürwort höher hinauswill, als das „mei" je käme), zum Zweck der Selbstverherrlichung eines engen, kleinen Geistes so klar auf, dass ich die Arschlöcher, die ich aus Stuttgart kannte, richtiggehend viviseziert fand dadurch. Und das „äbe" ist der reine Ton der niederen Herrschaft, wirklich so perfekt wie das Englisch, das die Könige bei Shakespeare reden – so schön wie da hat ja auch nie ein König geredet, aber Shakespeare wollte eben eine Sprache finden, die Könige reden müssten, wenn sie königlich wären, und Herburger hat eine gefunden, die zu den schwäbischen Großbürgern passen würde, wenn sie sich bis zu ihrem eigenen schlimmen Ideal steigern könnten, in wenigen Silben. So lernte ich von diesem Gedicht und von anderen, die der Dichter in Mundart schrieb, dass jeder Sprachraum präzise Orientierung und anmutige Bewegungen zulässt.

Man muss nur dichten können.

| Gerd Holzheimer |

„Einfach ein Gedicht auszusuchen, ist mir freilich nicht gelungen, die Suche wurde eher zu einem Herburger-Weg."

Bewohner von fliegenden Festungen: unsichtbar, unangreifbar, unverwundbar

Es ist nicht ganz leicht, wenn man eine Werkbiographie über Günter Herburger geschrieben hat, ein Lieblingsgedicht von Günter Herburger auszuwählen, ein einziges. Lieber würde ich mich an den Verästelungen und Verzweigungen des Thuja-Motivs entlang bewegen, die sein ganzes Werk durchziehen – und auch sein Leben bis in den Tod. Hat er mir doch noch selber die Thujen auf dem Friedhof von Isny gezeigt, die noch immer als „Lebens-Bäume" dort wachsen, nicht weit weg von der Stelle, an der er jetzt sein Grab gefunden hat. Auch das Ende der gesamten Thuja-Geschichte findet auf dem Friedhof statt, ein Totentanz eigener Art, in dem Lebende und Tote nicht wesentlich voneinander getrennt sind. Die gesamte Trilogie mündet in den Satz: „Das Kind begutachtete sein Reich, sang und sprach mit seinen Geistern, mit uns."(1)

Vorprägungen der Herburger-eigenen Thuja-Metaphorik finden sich vielfältig in seinem Werk: „Wo aber bin ich? / Bereits tot muß ich mich / in den Ästchen und Maserungen / einer Thuja zu behaupten versuchen, / denn es herrscht Enge. / Verzweigte Verwandte und Ahnen / pochen auf Anwesenheit."(2) In dem Gedicht „Heimat" aus dem Gedichtband „Im Gebirge" ist die erste Strophe wieder der Thuja gewidmet und all den unausschöpflichen Möglichkeiten, die in ihr steckt: „Abends die Thujahecken / mit einem Rechen kämmend, / strömen Millionen Seelen heraus; / sie riechen nach Ölen."(3)

31

Die Utopie Thuja vollzieht einen Kreislauf, der Abenteuerromane ebenso miteinbezieht wie Science-Fiction, literarische Reisebeschreibung, strukturell auf Vorformen wie höfischen Ritterroman, Schelmenroman und Bildungsroman zurückgreift, selbst in Teilen einen plebejischen Roman formt und dabei gleichzeitig durch die Lyrik spukt.

Mein Lieblingsgedicht? „Mousehole. Der Wegweiser war vertrauenerweckend. Vielleicht würden sie eine ihnen gemäße Herberge finden, in der weder Herkunft noch das Aussehen eine Rolle spielten. Auch hatten sie kein Geld dabei. Doch wen der Himmel bisher leitete, der sollte auch auf Erden nicht um Zahlungsmittel sorgen."(4) Das wäre kein Gedicht? Ist nicht alles, was Herburger schreibt, lyrisch? Und alle Lyrik bei ihm episch?

Festungen zu betreten, selbst fliegende, ist ihm ein leichtes. In dem Gedicht „Die Alexanderschlacht"(5) wird der Weg beschrieben. Seine Tochter auf den Rücken geschnallt, betreten sie gemeinsam „unser größtes Bildermuseum", hinter dem unschwer die Alte Pinakothek von München zu erkennen ist. Schon in der Eingangshalle geht es polyphon zu und sie teilen ihre Grüße auf „sanskrit, amharisch, japanisch, und kaum zu meistern, auf bayerisch"(6) aus. Sie wollen darauf in Altdorfers Bild hinein, worüber ein Alarm ausgelöst wird. Dürer rettet sie, und das auf den Bahren des Joseph Beuys, die aus dem Lenbachhaus herbeigeschafft werden. Seitdem können sie jedes Bild betreten, „sei es die Fliegende Festung von Sassetta / oder die Art Boche der Camouflache, / gefleckt gemalte Tarnwerke auf Panzern, / Eisenbahnzügen und Geschützen, / nicht mehr zu entdecken in Landschaften."(7)

Wer Bewohner von fliegenden Festungen werden kann, wird unsichtbar, unangreifbar, unverwundbar.

(1) Herburger, Günter: Thuja. Hamburg Zürich 1991. S. 496
(2) Herburger, Günter: Der feuchte Schmetterling. In: Makadam.
Darmstadt und Neuwied 1982, S. 13
(3) Herburger, Günter: Heimat. In: Im Gebirge. München 1998, S. 69
(4) Herburger, Günter: Die Liebe. Eine Reise durch Wohl und Wehe.
München 1996. S. 59
(5) Herburger, Günter: Die Alexanderschlacht. In: Im Gebirge.
München 1998, S. 83 ff
(6) ebd., S. 85
(7) ebd., S. 87

| Jürgen Klingel |

Günter Herburger
Kurze und lange Sätze - Skizze zu einer kleinen Poetik
aus der Frankfurter Rundschau - Samstag, 25 März 1989
aufgefunden von Jürgen Klingel

Wie die Welt, die uns umgibt, in der wir stecken, zu entdecken, zu fassen wäre, ich versuche mich fast jeden Tag darin als Täter, Schriftsteller, der eine Blaupause dessen herstellen möchte, was er fühlt, denkt, von vielen anderen als Lebens- und Sterbensmöglichkeiten bezieht, besonders dann, wenn immer wieder die Angst vor dem Tod durch Gebälk und Nervenstränge summt.

Es ist ein molekularer Bescheid, ein Beiseitetreten, um in Abstand besser sehen zu können, zugleich ist es ein erstickendes Untergehen in vielen konjunktiven Möglichkeiten. Ich sitze in einem Märchenbüro und schreibe, probiere Entwürfe aus, die aus der Gegenwart in eine Zukunft streben, über die Schwelle in das nächste Jahrtausend hinein, von dem ich noch ein Stückchen erleben möchte, vor allem, um meinen Kindern beizustehen, die, obgleich wir sie mit genügend Kenntnissen und Leibestüchtigkeiten bewaffnet haben, wahrscheinlich werden kämpfen müssen wie noch nie. Die Verteilung der Güter wird, selbst bei uns knapp werden.

Mein Ideal ist der Roman einer Sekunde, der wahrscheinlich nicht gelingen wird. Es schlüge, beipielsweise, oder pochte an meine Tür. Ich öffnete sie, und herein träte mein Vater, den ich längst überlebt habe, den ich kaum kannte, nur seine Knickerbockerhosen zog ich zur Probe an. Sie waren mir zu klein, obwohl ich die Vorstellung hatte, mein Vater sei riesig groß gewesen und überaus behaart.

Er schlösse die Tür, wir blieben beide voreinander stehen. Ich knipste im engen Korridor noch das Licht an, um den Vorfahren genauer betrachten zu können, aber ab dann wüßte ich nicht mehr weiter.

Vielleicht würde ich ihn erkennen, sich herausschälend aus der Düsternis von Schwarzweiß-Photographien, oder er würde behaupten, ich sei, was mir fremd blieb, sein Kind, sein Sohn. Er würde mich küssen, umarmen wollen, als Toter besäße er Privilegien nebst Beschleunigungen dafür, jedoch ich widerstrebte. Ich müßte zuerst Geruch aufnehmen, kleine Haftungen üben, damit das Unwirkliche schmölze.

Vielleicht erkennte ich eine der Krawatten wieder, die in meinem Schrank hängen, oder ich entdeckte, wenn mein Vater, für mich herzpochend, sich umdrehte, an seinem Hinterkopf über dem ausrasierten Nacken denselben Wirbel wieder, unter dem auch mein Sohn und meine Tochter leiden, weil alle Friseurskünste daran scheitern.

Oder ich sähe auf seinem rechten Nasenflügel eine Warze, die auch ich besitze, ein Genom, das, laut Vererbungslehre, jeweils die nächste Generation überspringt, weshalb ich, als Nachfahre meiner Großmutter mütterlichseits, einer geschwinden Elsässerin, jedenfalls sprach sie, wenn sie in Zorn geriet, laut französisch, das ich als Kind per Osmose lernte, zu Recht Warzeninhaber bin, jedoch mein Vater konnte, obgleich ich den Auswuchs entdeckte, ihn nicht besessen haben.

Er wäre nun da, Licht an oder aus: Was tun?

Hier, peinlichst beschrieben über zwanzig, dreißig Seiten, wüßte ich gern weiter. Sollte ich meinen Vater, den weiland Nationalsozialisten der Ortsgruppe Isny Stadt und Land, wie damals die Parteidefinition hieß, ganz hereinbitten, oder sollte auch noch meine Mutter, seine, nun kaum mehr vorstellbar, Frau dazutreten, und daraus wäre ein Liebes- und Sozialpaar geworden, meine Eltern?

35

Niemals! Es wäre schon zu viel geworden, abgelagert auf hundert oder hunderfünfzig Seiten. Leiden und Glück hätten in einem Maß zugenommen, daß die stumpfe Einschichtigkeit des Schreibens geplatzt wäre. Trotzdem, ich besinne mich, hänge einem Wunschtraum an, den ich seit vielen Jahren verfolge und für den ich übe. Die bald fünf Bände der *Thuja-Trilogie* sind ein Vorlauf dafür.

Ich habe Angst, und zwar vor der Zeit: Sie ist für mich undurchdringlich, andererseits, je dichter sie wird, ich sie in dieser Form darstelle, desto behaglicher wird sie für mich.

Ich lese immer wieder Beispiele, wie Dichterinnen, Dichter, im kühnsten Fall ohne Absatz, von der einen Zeit in die andere springen, es zu schreiben wagen. „Als sie geweint hatte, ging sie nach Hause. Dort wartete auf sie eine Schildkröte (oder ein Kind, ein Geliebter), und ihre Mutter, die einen Schlüssel zu der Wohnung besaß...."

Aber hier beginnt schon wieder meine Konstruktion, die verzahnen, verkleben möchte. Es gelingt mir nicht, daß jemand, der just noch begleitet wurde, verabschiedet wird. Ein Gebraus dramaturgischer Nachholbedürfnisse höbe an, Personen schwindelten sich vorüber, die wir von früher nicht kannten, oder, noch besser, Behauptungen, die- oder derjenige hätten etwas gesagt, vormals oder erst kürzlich, was wiederum eine Rolle spielte. Sie alle kämpften um Platz auf einem langen Toilettenpapier.

Einer meiner besten Freunde, ansonsten vertraue ich nur Frauen, besonders jenen, unter denen ich aufwuchs, mein Sciencetruk (Wissenschaftsführer, saxorussisch) prüft alles, was ich in Quasi-Wissenschaft als Amateur sich einschleichen lasse, und fast nie hat er Einwände, heult nur wie eine Robbe durchs Telefon, es sei zwar richtig was ich geschildert hätte, allerdings umgedreht, metaphernabgesichert, worüber er nichts wisse.

Was nicht stimmt. Er ist nicht nur Mathematiker und Astrophysiker, sondern auch begabter Cembalo- und Pingpongspieler.

Jedoch, die Zeit, sie plagt mich, ich habe weiterhin Angst vor ihr, möchte sie gern unterschlagen, ausmerzen, zum Verschwinden bringen, was bedeutet, ich schreibe fortwährend Fluchtbücher. Je länger die Sätze werden, nachforschen, Varianten einbringen, verwerfen, erneut aufnehmen, desto sicherer fühle ich mich. Ich freue mich, wenn ich auf der Stelle trete, die Stiefel, die Schuhe, die Socken ausziehe, barfuß durch Kompost stampfe, Kleinigkeiten für Welt finde, über der eine Supernova platzt, die ihre mehrmals größeren Sonnenhüllen abwirft und zu einem absurd kompakten Neutronenstern in sich zusammenstürzt, von dem ein Teelöffel voll Materie hunderttausend irdische Tonnen wöge.

Ich kann mich in Büchern kaum bewegen. Es ist die Furcht vor Entscheidungen. Alles soll, nachdem es in unserem Land zwei verheerende Kriege gab, an seinem Fleck bleiben, peinlichst grammweise und milimetergenau untersucht werden, woher wir stammen, ob wir noch eine Chance haben, woran ich, geradezu lasterhaft, mich festklammere.

Es ist ein umgedrehtes Verfahren: Die einen beschwören Untergänge vor scharlachroten Vorhängen, ich verliere mich in der Beschreibung einer neuen Sorte Rasierwasser, die insgeheim einer alten gleicht. Beides ist töricht, unerwachsen, ohne Reife (Witold Gombrowicz, einer meiner Lehrmeister), voll spätkindlichem Omnipotenzbegehren wie bei Fußballspielern, Ringern oder Dauerläufern.

Es gibt einen Ausweg: Gedichte. Ich schreibe sie seit meiner Jugend. Zuerst ahmte ich Weinheber, Hesse, Rilke und Cumming nach, von dessen scheinbar umgangssprachlichen Gedichten es damals noch keine Übersetzungen gab, aber ein Freund, der Bibeln in Spanien verkaufte und selbst mäanderhafte Elaborate verfaßte, Oliver Behnssen, führte mich in die Mysterien, es waren die fünfziger Jahre, ein, und siehe, Cummings war leicht zu entschlüsseln, vielleicht auch, weil ich altindisch lernte, eine Art Latein fast ohne Grammatik. Außerdem waren bei uns zu Hause mehrere Dialekte gesprochen worden, das Alemannische, das Viehhändler-Jiddische, das Bregenzerwäldlerische, Tirolerische und ein seltsam venezianisches Idiom.

Ein Allgäu- oder Oberlandgeschick nahe der Gebirge, wobei ich nicht weiß, was ich gelernt habe oder mir selbst vorfabuliere. Jedenfalls versteht mich in Italien niemand, wenn ich meinen riskanten Dialekt zu sprechen beginne; ich sollte ins Cimbrische ausweichen, in die Sette Comuni über Trento. Aber das Cimbrische verstehe ich auch kaum, ich stürze dann ins kleine Latinum zurück oder in das napoleonische Französisch meiner Großmutter, die, unvergeßlich, als ein Spähpanzer nach der Kapitulation in unseren Obstgarten einfuhr und vier, fünf Obstbäume knickte, dem Kommandanten, der mit seinem Oberkörper aus dem lauten Fahrzeug ragte, entgegenrief: „Ne dérangez pas nos pommiers, salaud!" (Zerstören Sie nicht unsere Apfelbäume, Sie Schweinehund.)

Der Offizier grüßte, die Hand an seine Baskenmütze, le Béret, gelegt. Der Panzer oder das mit Stahlblech behängte Auto drehte auf seinen Stollenreifen um, ein ausgemalmtes, schwarzes Erdloch hinterlassend, das wir dann, mein Bruder und ich, zuschaufelten.

Es wäre ein Gedicht gewesen, denn ich wußte darüber alles, und, ima-
giniert, noch mehr, was immer noch nicht dafür genügte. Ich werde
nie darüber schreiben. Wehe denen, die sich abmühen, alles, was sie
kennen, glauben, erfahren zu haben, in ein Büchlein pressen zu wol-
len. Es bleibt bemüht, stümperhaft unfertig.

Wir müßten uns Blößen gestatten, die beim Nachlesen genügend Raum
geben für Ergänzungen, Phantasie. Es ist als lägen wir im Bett, hätten
Panik davor, flammende Angst, nicht schlafen zu können und fangen
an, zu spinnen, würden tolldreist. Wir stellen uns vor, wie wir Feinde
niedersäbelten, mit zwei Fußtritten, einem Schwertschlag sie zu Bo-
den schmetterten, oder wir lassen uns hingebungsvoll in die Pfühle
von Frau Holle zurücksinken, als alles noch warm war, beschützend
hold. Sogleich aber, wenn es notwendig wäre kurz vor der Furcht, dem
Schlaf oder kleinem Tod Platz gewähren zu sollen, schrecken wir wie-
der hoch, hingerissen von unserer Bereitschaft, nocheinmal Kraft in
uns revolutionieren zu vermögen, obgleich, in einem Gedicht, ich es
anders ausgedrückt hätte, unwissentlicher.

Ein Gedicht ist die Vernichtung, die Verschlingung von Zeit, mein Brot,
die Notdurft, wie Kot und Essen. Ohne Gedichte könnte ich kaum beste-
hen. Ich schreibe sie spärlich oder überstürzt. Sie überwältigen mich,
wenn ich einen Roman begonnen habe, besonders, wenn ich mich
dessen Mitte nähere. Dann muß ich auch nachts am Küchentisch, an
dem ich tagsüber sitze, schreiben, auf kleinen, sorgsam numerierten
Zetteln, damit ich mich später noch auskenne nach permanenter Ver-
besserungssucht.

Gedichte sind der übersichtlichere Raum, versehen mit dem Zeitpfeil,
der aus dem Möbius-Handschuh schießt gleich einem Maschinenge-
wehrfeuer. Ich erzähle in Gedichten, was ich getan, gedacht habe, auch

was ich noch begehre, in Ordnung gebracht durch Zeilen, fast verschwundenen Reimen und Aktionsbrüchen. In Gedichten wage ich, das Geheimste und Offiziellste zu erzählen, in ein Schema gebracht, damit ich nicht mehr entrinnen, fortlaufen kann.

Ich bin Abkömmling einer langen Historie. Im besten Fall habe ich, wenn auch nur sparsam, ein Stück meiner Realität gefunden, die standhält, Verläßlichkeit vorgaukelt. Mein Ideal ist das Heldengedicht, die Ballade, allerdings würde mein Held eine Heroin sein, ein beschickertes, zunächst timides Kind in einer Landschaft anfangs des nächsten Jahrtausends, als die Ameisen, mit einem Schutzschild auf dem Rücken, größer geworden waren, und die übriggebliebenen Menschen zückten ihre Leuchtpistolen südlich der Dolomiten.

Wo aber bleiben die kurzen Sätze?
Ich verwende sie in wörtlicher, eher in konjunktiver Rede, ein schwieriges Geschäft, was wiederum mit dem Verzehren von Zeit zusammenhängt.

Sprechen Personen im Aktiv, auch nur über eine halbe Seite, überkommt mich Grausen, Langeweile. Ich habe das Gefühl von Pfundscheißerei (alemannischer Ausdruck für den Ausgleicher, der in der Mitte des Schaukelbalkens steht). Denn die über Hunderte von Seiten dahinmarschierenden Personen kenne ich kaum. Ich überlasse mich ihren Gefährlichkeiten, dem Schweben zwischen Erkenntnis , Mutwillen und Fremde, störe sie und mich selbst, was andererseits bedeutet: Behauptete ich über sie zu viel, würde sie mich langweilen, ein Nachtrag klassischer Psychologie, die spätestens die Unwirklichkeit des Daseins noch einmal wieder entdeckte und, ob während Krankheit, Gesundheit, ihr mißtraute. Es wäre beliebig, mißfällig, einer voluntaristischen Folgsamkeit anheimzufallend gleich: anything goes.

Es geht nicht. Die Melone kann geteilt werden bis zu ihrem Gehäuse voll, beinahe hätte ich sagen wollen, Sternen, es sind aber Kerne. Ein geflüstertes Beispiel:

„Ich mag dich, liebe dich."

Antwort: „Ich dich auch."

„Kennst Du Musik?"

„Welche?"

„Jazz und Klassik. Ich besitze Platten."

„Bist du ein Rechtsanwalt oder ein Arzt?

Ich verdiene weniger als du."

„Ich möchte dir (Ihnen) doch helfen."

„Tust Du auch, jetzt sei aber still, bleib am Kopfende sitzen. Lege deine Hand auf mein Gesicht und rühre dich nicht."

„Tue ich."

„Merke ich nicht. Außerdem hast du dich parfümiert. Ich habe lieber den Geruch von Schächtern."

„Wieso, erzähle?"

Es wäre eine Mittelstandsprosa mit Apercues. Insgesamt stellt sie eine literarische Übereinkunft dar, als bediente eine älter gewordenes Kind, dessen Inhaber eines Gasthauses, einer Wirtschaft waren, in dem es aufwuchs, immer noch eintretende und sich wieder verabschiedende Kundschaft, deren Wohlwollen für ein Überleben wichtig war.

Nathalie Sarraute, eine Lehrmeisterin, die in Rußland aufwuchs, dann auf Französisch schrieb, hat dafür den Subdialog erfunden, die Bavardage, das Geschwätz, in dessen Lücken die schrecklichsten Ängste, Ausweichmanöver und verhohlenen Geständnisse nisten.

Ich kürze dieses Verfahren ab, indem ich wenig wörtliche Rede schreibe, sie gelänge sowieso. Ich kann sie froh verlassen, um wieder in lange

Beschreibungssätze einzubiegen, in denen, nach etlichen Relativi-
stischem, Vergangenheiten aufblitzen, über die ich noch mehr erfin-
den möchte, ohne daß der Satzbau zersplitterte.

Isaak Babel, zunächst Militärkorrespondent für die neue Sowjet-
(Räte)Macht, dann Getreideverteiler, später auch noch Drehbuch-
schreiber, berichtete darüber, welche Ansichten, Gefühle er hatte, als
er im Sattel saß und das Morden, welches um ihn herum geschah, beo-
bachtete. Seine Bücher waren wie eine Rückkunft. Später entschlüssel-
te ich, daß die Babels, gebürtig aus dem Allgäu, am Ende Deutschlands
im Süden, wie ich, vor hundertfünfzig Jahren von dort nach Odessa
ausgewandert waren.

Dreistester Meister aller Beiseitesätze wie Szenenanweisungen der
Dramen von Schiller, auch einem Landsmann, bleibt Carlo Emilio
Gadda, ein Tiefbauingenieur im Zivilberuf, der die notwendigen Ab-
schweifungen in seinem einzigen Roman, *Die gräßliche Bescherung in
der Via Merculana,* einem detektivistischen Buch, anhäuft. In *Die Er-
kenntnis des Schmerzes,* führt er das Verfahren, das Stochern um Halt,
ins Dunkle, beginnt mit einer novellenartigen Geschichte und landet
sofort in der Abschweifung einer Abschweifung, als wollte er den Ro-
man einer Sekunde beginnen, um die ganze Landschaft umzugraben,
was linear sprachlich, nicht möglich wird, es sei denn, wir hätten dafür
eine Zirkular- oder Rundumschrift erfunden.

Vorbilder aus der deutschen Literatur habe ich, nachdenkend, nicht.
Weder Thomas Mann noch Hermann Hesse waren es, geschweige Al-
fred Döblin, ein konfus, espressionistischer Stochastiker (für Zufalls-
ergebnisse, behauptet). Mann verblüffte zwar durch seine *Josephs-
Tetratologie,* die er, wahrscheinlich aus Protest gegen den Weltkrieg,
in einem fernen Kalifornien, um sich zu retten, schrieb. Hesse war zu

gefühlig, selbstgefällig. Sein letzter Roman, *Das Glasperlenspiel,* für den er den Nobelpreis erhielt, beherbergte zwar wissenschaftliche Hinweise, siehe die Röte der Dachziegel zum kontemplativen Begehren eines Weisen und zu chemischen Verbindungen, jedoch, o Graus, der mild alt gewordene Held ertrinkt in einem Gletschersee, während ein nicht homophiler Jünger, der es aber trotzdem sein sollte, am Ufer entlangirrt.

Es sind wenige Erinnerungen an wichtige Literatur, die prägten, mir Zusätze bescherten. Je älter ich werde, desto eher verlasse ich, leider, die Gefilde nächtelangen Leserausches, besinne mich, anwesend vor der Schreibmaschine (Prosa) oder vor einem Stoß Blätter Papier (Küchentisch).

Anders gedacht, es ist wie ein Aschenbecher, den ich immer wieder leere, während auf dem silbrig schimmernden Rand seiner Umfassung gelbe und schwarze Flecken zurückbleiben, selbst wenn ich abwische, zu putzen versuche, das Gefäß in einen Eimer voll Wasser und Spülmittel versenke, es später, blank geworden, zum Trocknen auf den Balkon stelle. Das sind dann, wenn ich den Schierlingsbecher wieder hereinhole, kurze, enttäuschende Sätze, die ich hasse, weil sie keine Dauer mehr bescheren, infolge eines von neuem veredelten Geräts.

Neulich erklärte ein Mann, nebenan wohnend mit Frau und Kind, ein zaundürrer, ellenlanger Komponist (Zuhaufmacher), der etwa eintausend Geigen- und mindestens sechshundert Saxophon- und Ziehharmonikamusiken mit Hilfe von Laserstrahlen gegen den nächtlichen Himmel wirft, jede Einschränkung bürge Schmach, Verschwörungen in sich, damit Sehnsucht nach Wiedergewinnung nicht gelinge, zugleich schwärmt er, Protuberanz, Asphaltschrecken, schließlich Gelingen.

Unsere Heimstatt ist die stetig wiederkehrende Unsicherheit, wo wir sein könnten, selbst wenn es nur, bevor es zu regnen, zu schneien begönne, eine Höhle wäre, an deren Wände die Ideen, Furchtsamkeiten und Ideale projiziert würden, bewegt wie in einem Film.

Wer keine Vision entwirft, nicht wissen will, weshalb er leidet oder jagt, soll nicht Bücher, Gedichte schreiben, sondern Denkmalspfleger werden oder Devisenhändlerin.

JÜRGEN KLINGEL über GÜNTER HERBURGER

„Birne kann alles" in der Dorfschule auf der Schwäbischen Alb und „Der Gesang der Wale", ständiger Begleiter des dazugehörigen Schulmeisters

Früh schon las ich Texte von Günter Herburger. Die Allgäu-Erzählungen in *„Eine gleichmäßige Landschaft"*: der Schriftsteller der Ödnis des Nachkriegslebens in der Provinz auf der Spur.

Folgte *„Hauptlehrer Hofer"*, Erzählung und Verfilmung hatten mit mir - da selber Lehrer - zu tun und beeindruckten. Und dann dieser umwerfende Optimismus in den *„Birne"*-Geschichten! Viele Jahre, immer wieder, habe ich sie meinen Grundschülern vorgelesen, manche Episoden haben wir in Spielszenen umgesetzt. Diese anarchische Lebensfreude, Lebenslust, die da aus jeder Geschichte hervorbricht: die Kinder haben die Herburger'schen Phantasien, die darin vorgestellten, vorstellbaren Wirklichkeiten sehr, sehr genossen.

Dann die Gedichte. In *„Orchidee"*, dem Töchterchen gewidmet, heißt es, unverkennbar und ganz herburgerisch:
„ . . .
Und aus diesem kurzbeinigen Nagel,
bewaffnet mit Freundlichkeit,
Selbstbewußtsein und Lust,
eine Legende wird."

Schließlich: immer wieder und immer mehr staunend lese ich *„Der Gesang der Wale"*, dieses wunderbare Gedicht - Leserin, Leser: lies und staune!

45

Der Gesang der Wale *(aus: Ziele)*

Große, viele Tonnen schwere Tiere,
ständig in ihrer Nahrung schwimmend
und leise nach sechzig, siebzig Jahren sterbend,
als sei es nun genug,
behaftet mit kleinen, scharfen Augen,
die in die Tiefe zu blicken vermögen
und über den Rand des Wassers hinweg,
wo die Kontinente beginnen,
so haben sie keine natürlichen Feinde,
überhaupt keine, außer uns,
und bei Sturm senkt sich ihr Leib
einfach in andere Zonen hinab,
wo im Plankton Ruhe herrscht,
Leuchtfische segeln und die Arme
der Kraken sich nur noch wie Blumen bewegen.

Man muss sich vorstellen,
wir könnten so sein;
übermächtig gelassen, schlau und kräftig,
zugleich kindlich neugierig,
während aus dem Atemloch Fontänen steigen
und der Schwanz gleich einem Tankerruder
immer wieder ins Meer hineinschlägt,
Echo gebend von Schelf zu Schelf.
Entfernungen sind der Beweis
für Übersicht und Dauer,
ausgestattet mit einem Selbstverständnis,
das sich nicht mehr um Platz zu kümmern braucht.

Bei der Paarung verweigern
sich manchmal die Walinnen,
haben keine Lust oder zieren sich,
stellen sich senkrecht kopfunter
und stemmen stundenlang ihr Eigengewicht,
zwanzig, dreißig Tonnen hoch,
meckernd und prustend.
Die Männchen dann, genauso schwer,
umkreisen das fürchterliche Vieh
und fangen verzweifelt zu singen an.

Es muss noch gesagt werden,
dass es auch Kinder gibt, Kinderwale,
die diesen Kopfstand nicht schätzen
und nun mit ihren Köpfen
auf den Rumpf der Mütter schlagen,
sie umzuwerfen versuchen.
Oder sie legen sich flach daneben,
bis Sonnenbrand ihnen den Rücken schält,
die Haut in Fetzen hängt, Futter für Vögel,
die mit von der Partie sind.

Dann aber hebt ein Schlürfen und Geigen
durch die Weltmeere an, herzergreifende Musik.
Es antworten einander die Wale
über tausend Kilometer hinweg,
und nur wir, mit unseren eisernen Schiffen,
können die Signale unterbrechen.
Vom Eismeer in den Indischen Ozean,
aus dem Pazifik bis in die Karibik
erschallen die sehnsüchtigen Rufe der Wale,

die sich in den leergeschossenen Weiten
kaum mehr zu finden trauen.

Orgeln ertönen, riesige Flöten,
Bögen kratzen über Barte,
pro Kiefer hunderttausend Saiten tragend,
und auf dem düsteren Grund darunter
bedienen kleine, scheue Taucher
hinter den Korallenbänken
Verstärker und Manuale.

Manches Mal, wenn ich traurig bin,
bilde ich mir ein, ich sei ein Wal,
ein tonnendicker Lungenfisch,
der nicht mehr ins Trockene zu kriechen braucht,
um sich zu veredeln, ausgesetzt Regen und Wind
und der messerscharfen Konkurrenz der Menschen,
die nicht so leben mögen wie er.

Ich lehnte den biologischen Wandel ab,
verringerte freiwillig die Zahl
der nicht benützten Gehirnzellen
und stürzte mich in die Fluten zurück,
wieder einig mit meinem Pfand,
das Antwort fände in den langsamen,
überlegten Bewegungen der Wale,
ihre Leiber wälzend wie Berge
und Melodien erzeugend gleich deren Hall,
geborgen in einem Element,
größer als jedes Land.

Günter Herburger
WAL
Literarische Phantasmaorgie eines wirklichen Konzerts
aus der Frankfurter Rundschau - Samstag 17. November 1990
aufgefunden von Jürgen Klingel

Der Saal war mäßig voll. Vorn saßen Kenner, dann kamen leere Reihen, hinten verstreuten sich zufällig Neugierige. Draußen herrschten sommerliche Temperaturen, und der Verkehr brach sich entgegen dem Abendlicht genügend Bahn in der einzigen Großstadt Bayerns, wo einst neue Musik befürwortet worden war.

Auf dem Podium drängten sich, bestrahlt durch Scheinwerfer von der Decke, die höher zu sein schien als der ganze Bau, 98 Spieler- und Spielerinnen: Flöten, Oboen, Klarinetten, Fagotte, Trompeten, Tenor- und Baßtuben, Posaunen und Kontrabässe, Pauken und große Trommeln, 14 erste und 12 zweite Violinen, Violen und Violoncelli, dazu 5 Saxophone und 5 Stimmenhalter wie Sopran, Alt, zwei Tenöre und Bariton, insgesamt ein schweres Orchester für eine Symphonie, die 26 Minuten dauern würde.

Mir war kalt, denn die Vorlage, ein langes Gedicht über das größte Säugetier der Welt, hatte ich geliefert, ohne den Komponisten zu kennen. Er trug graue Locken und einen Parka, sah unfasslich aus und redete, wenn er es tat, verschleppt ein französisch-alemannisches Deutsch, das auch galizisch klang. Er sprang zu dem Dirigenten hinauf, einem älteren Herrn, der sich nicht bewegte vor dem Pult, blätterte in der Partitur vor und zurück, einem Folioformat.

Schweigen, Erwartung, weniger Licht: Der Prolog begann con Ordo mit Violoncelli und Kontrabässen, alle in C-Dur, zwar nicht enttäuschend, trotzdem ziemlich schüchtern wie mit schief gelegtem Kopf, irgendwann bestückt mit einer Stimme, die quasi parlando sang, das große,

49

viele Tonnen schwere Tiere, die ständig in ihrer Nahrung schwömmen, leise nach sechzig, siebzig Jahren stürben, als sei es nun genug ...

Piccicatiflötentöne hüpften umher, hauchten sich bald selbst aus in 7/8-Takten entgegen 9/10-Streichen auf Saiten, wenn es solche Wechsel überhaupt geben konnte.

Hermann Scherchen, längst tot, hatte sie für Xenakis oder Dallapiccola dirigiert. Wenn Scherchen etwas nicht paßte, mußte der Komponist den Fehler sofort berichtigen, sonst erfolgten Wutschreie.

Der zweite Teil hieß Adagio, weich einsetzend vom Beginn der Bögen bis zu deren Ende und wieder zurück. Es waren 26 Violinen, die Wogen liegenbleiben ließen wie verdickten Sternenstaub. Dann griffen Verteilungen ein, wurden konfus, sortierten mit raschen Unter- und Oberlängen ihre Möglichkeiten und verfielen zur Erholung in ein Brummen, kaum mehr vernehmbar.

Zuhörer raschelten, waren unterschiedlich gelangweilt oder aufmerksam geworden. Ein paar mochten eine Lachtaube und einen Grünschnabel, die durch den Saal gekreist und wieder davongeflogen waren, gesehen haben.

Ohne Pause begann das dritte Stück, quasi Scherzo, vielleicht dem Mathematiker Arnold Zelmanowitsch Walfisz gewidmet, ein Verfechter analytischer und additiver Zahlentheorien, diaphanter Approximation oder des angehäuften Lauthals'. Walfisz war, siebzig Jahre alt, 1962 in Tblissi gestorben.

Zwanzig Jahre danach besannen sich Lehrlinge seiner Arbeiten, entdeckten die Gesetze der Flüssigkristalle, ihre wunderbaren Kleinigkeiten, die geschwind Reihen längs oder quer rechten wie in der Musik, so daß Flötistinnen und Tubabläser aus Not nach Atem aufstanden, hauchend, tutend oder flaggerlierend.

Es hörte sich im Schweigen gleich langen Strichen in der Partitur an. Noten standen jeweils nur noch links und rechts auf einer Seite oder aber plötzlich ballte sich ein Vierundsechzigstelverhau, äußerst knapp zu spielen, und wären Nonnengans und großer Baß- oder Grastölpel im Niedrigflug über den Concerto Grosso geraten, dann hätten die Bühnenarbeiter ihre Lichtmaschinen vergessen und die Garderobierinnen ihre Thermosflaschen.

Jede Seite der Partitur umfaßte 35 Balken zu jeweils 5 Zeilen gleich 175 Linien, gezogen nachts freihändig in Kerzenschein, schließlich hilfs eines Descarteslineals, während die Gänsekielfeder kratzte und Gallentinte tropfte. Der Komponist hatte sich seine Unterlagen wie ein Musiker des 17. Jahrhunderts vorbereitet.

Es wäre auch der Augenblick eines Jurodiwyi gewesen, des Gottesnarren, ein diakonischer Juror im Königreich der Toten, dem böse Sprüche und Anarchie nicht verübelt wurden, selbst wenn er ein Kind, das sich aus Angst vor Gefahr in den Tod flüchtete, dazu getrieben hätte. Stalin hielt sich einen solchen Helfer: Schostakowitsch, den gewaltigen Orchestrierer, der zuletzt sagte, er sehe nur noch Ruinen und Berge von Leichen.

PPP - piano partito pussé mit Abstrich, wobei ein C, ein As und ein Fis sich gegenseitig zu einer unendlichen Schleife vereinigten, entweder hinein ins Erdinnere oder hinaus in den Weltraum, wo Eschers Wasserläufe fielen und wieder fallend sich selbst speisten oder Wendeltreppen sich um Ecken und Wolkenungetüme wanden als Stufen perlender Musik.

Die Aufmerksamkeit ließ nach. Ensemble wie Zuhörer räusperten sich, verstellten die Füße, beugten sich vor, beiseite, zurück, berüchtigt als

51

Rückengrimm, an dem auch Karajan, der Obrigkeitsbeflissene, gelitten hatte, inzwischen verschwunden in einem Mezzomilliardengrab, von dem aus er weder Furtwängler, geschweige Scherchen, den Kämpfer, je erreichen würde.

Die quasi Passacaglia, das längste Stück, begann mit den fünf Stimmen Sopran, Alt, Tenor 1 und 2 und Bariton, die ohne Worte sich gegenseitig überholende Kehren sangen, jedoch weder Sängerin noch Sänger waren zu sehen. Erst jetzt bemerkte ich meinen Irrtum, daß ich schon vorher unwillkürlich Zeilen des Gedichts in die Orchestervibrationen hineinprojiziert hatte, ein Akt angetrunkener Eitelkeit oder seliger Erinnerung: Bei Walgesang handelte es sich immer um Saxophone, einen schnellen Schuller.
Gottlob hielten Streicher, Bläser und Paukenschläge die grausamen Jazzer nieder, verstrickten sie in Hallodri und Allenationen, was durchaus mit virtuell sich überlagernden Alleen zusammenhing, labyrinthischen Gebilden, denen Posaunen, Tuben und Hörner manchmal Wege wiesen, die dann in stumpfe Winkel mündeten.

Kiebitze und Schnepfen, Austernfischer mit roten Schnäbeln, Heringsmöven und Kampfläufer brausten durch den Saal. Wir zogen die Köpfe ein und blickten nur noch scheu hinauf zum Dirigenten, der sich heftig zwischen einem Schwirren, subkutanen Walzertakten aus der Ecke der Oboen und zwei gegenläufigen Swings kaum Raum zu schaffen vermochte.
Die Szenerie drehte sich. Wie wäre es denn, wenn wir wie der Trompeter Miles Davis, der, gekleidet in italienische Fallschirmseide, aus Hochmut mit dem Rücken zum Publikum spielte, uns auch abwendeten und zur Eingangstür blickten, an der Pförtner und Garderobierinnen lehnten, trinkend und strickend, während hinter uns das schwere Orchester sich mühte, die Wellenbrecher zu überwinden?

Eine neue Qualität wäre vonnöten aus Farbe, Rieb und Risiko, die ein Konjunktiv tief ausloteten, das zudem alliterierte. Und prachtvoll ritten Reim und Pathos über die Sitzenden.

Die günstig plazierten Saxophone ereiferten sich in einem Klangge-wölbe Nullter Ordnung, die Scherchen, ein Jahr bevor er starb, in einer dem schweizerischen Patentamt eingereichten Arbeit beschrieben hat-te. Er bezeichnete seine Theorie als Meridian genau definierter Will-kür im Chaos, das allein, ob bei Einzellern, in der Pflanzenwelt, bei Wirbeltieren oder in der Musik für Fortschritt sorge.

Er hatte recht, da ein in Hamburg von einem Stiefelnagel erzeugter Funke tausend Kilometer südwärts und Stunden später, beispielsweise in Dornbirn, mehrere Dutzend Regentropfen zum Absturz bringen und das Singen einer Kreissäge merklich ansteigen lassen konnte, sodaß für ein paar Sekunden ein himmlisches Gärtchen aufleuchtetet, aus dem es musizierte, allerdings nicht an der Elbe, sondern in Vorarlberg.

Irgend etwas, das schon immer nicht dagewesen war, fehlte im an-schließenden Satz, etwas Gewöhnliches und Außerordentliches, vor-handen in Stuben oder Salons: Klavier und Harfe. Hatte der Komponist, Danrol Rossem, ein Nazmin, Spitzname für eine nationale Minderheit, in diesem Fall ein naturalisierter Rätowelscher, die beiden Instrumente vergessen? Es wies auf Begabung, mehr noch auf ein unkonventio-nelles Studium hin, als hätten für erste Übungen Hackklotz und Well-blech gedient, durchaus möglich und widerständig erfolgverprechend, denn Einstein hatte seine Relativitätstheorie, Zigarren rauchend und mit dem Fuß die Wiege seines Kindes schaukelnd, entworfen, während seine Frau, eine ungarische Mathematikerin, Geld verdiente. Welche Rolle spielte Rossems Frau?

War sie Kinderpsychologin oder Devisenhändlerin? Nach dem Konzert würde ich den Komponisten vorsichtig um Auskunft bitten.

Vormarxistisch und zwischenbürgerlich war ontologisch trotzdem alles ordentlich an die Seinslehre geheftet, ob es das harte Gefieder von Neukantianern, Positivisten, Existentialisten oder zum Ende des zweiten Jahrtausends nur den Flaum narzißtischer Hermeneutiker betraf. Ästhetik hieß die neue Religion, die in serbokroatischen Straßendörfern oder im Schmutz des Stadtrands von Oran, wo ich einmal Teeausschenker gewesen war, sofort zusammenbrach. In jedes Glas kam eine Faser Kif, übelste Sorte des Harmoniegifts.

Brandgans, Regenpfeifer und Dreizehenmöve, dazu eine Trottellumme, die verpicht einer Ölpest entronnen, sich kaum auf Höhe zu schrauben vermochte, verdüsterten den Horizont. Die Vögel prallten gegen die Holzverkleidung des Saals, doch als das Publikum stöhnte, schmolz das kleine Geschwader zu einer Kugel zusammen, die sich lautlos auflöste. Das war Scherchens Kategorie gewesen, finster besonnt durch schwirrende Cluster von vier Klarinetten, Rossems Witz und geduldige Kraft.

In seiner Jugendzeit mußte der Komponist Taxifahrer gewesen sein, nachts auf den Knien eine Partitur balancierend, deren Linien er selbst fertigte. Vielleicht hatte er mit den Fingern gegen das hohle Armaturenbrett geklopft, und aus Synergie waren Staubpartikel auf das Notenblatt geschwebt, wo sie sich, bewimpelt und beschlüsselt, zu Formationen organisieren ließen. Niemals hatte Rossem am Klavier komponiert, wie es noch der weiße Hirsch Zenoch an einem Flügel tat, und selbst Nono benützte für erste Notierungen seiner sich einstülpenden Schweigestrategien ein Hammerklavichord, das von seinem Schwiegervater Schönberg stammte.

Donaueschinger trieben vorüber, Grasflecken im Fluß, aus denen Schusterriemen sprossen, basische Frauenhaare und das Mundstück einer Posaune.

Fagotte, Violen und Violoncelli dümpelten dahin, es konnte eine List der Verflüssigung sein. Plötzlich fiel mir György Ligeti ein, jugendlich gebliebener Hamburger oder Wiener Greis, der Klavieretüden auf den Markt geworfen hatte wie einst Czerny der Tausendmeister.

Ähnlich Ligetis Passacaglias ungharese oder dem rasend minimalistischen Continuum und Ligetis Hungarian Rock öffneten sich zahlreich Mikrotraumen, entzündet vom doppelten Kontrapunkt, schwindeleregende Vielstimmigkeiten, über denen Pachebel und Frescobaldi ihre Szepter schwangen.

Rossems Initiative griff wieder. Zwei große Trommeln, acht Kontrabässe, ein Nest Hörner, und Piccoloflöten vereinigten sich zu einem Flottenverband, der durch polyrhythmische Gewässer pflügte, Schaumkronen hinterlassend und eine Furt, als teilte sich ein biblisches Meer.

Sand wehte in die Augen, vielleicht waren es auch Salzkörner, doch zum Weinen blieb wenig Zeit, da nacheinander zwei Dutzend Violinen zunächst Tropfen, dann kleine Fontänen aufsteigen ließen, die vom Küstenwind aus dem Saal gerissen wurden, wodurch der abendliche Stadtverkehr zwischen Feldherrnhalle und Siegestor ins Stocken geriete; auch Ampeln pausierten. Selbst Schäferhunde, denen bei uns viel Achtung zuteil wurde, duckten sich auf den Trottoirs und verschlangen, falls ausgeschieden, ihren Kot. Kühle, Sauberkeit und Übersicht residierten, ein Ideal der Planquadrate und Lagerstraßen, in denen wir heimisch gewesen waren.
„Rothschilds Geige" schluchzte, sägte dreigestrichen höher Holz und Nägel klein, zerstäubte Plankton, ohne das es weder Sauerstoff noch Tiere gäbe, und Benjamin Fleischmann, der nur einen Klavierauszug dieses Opernstücks hatte herstellen können, verneigte sich unerkannt im Nebel, da sich seine Spur im letzten Weltkrieg endgültig verlor.

Wen Heiserkeit schmerzte, der benötigte eine Kampfer- und Ammoniaklösung; wer sich im Zentrum der Empfindungen glaubte, wurde von Trompeten und fidelen Saxophonen aufgeschreckt; wer die Vorlage kannte, stellte fest, daß die massenhafte Verteilung der Noten auf den Folioseiten schön aussah. In der gesamten Musikgeschichte gab es überhaupt häßliche Partitur, als Bild vergleichbar Matratzen von Telephonverkabelungen oder Masken von Chips: Ästhetische und naturwissenschaftliche Nützlichkeiten glichen einander.

Im Entwurf einer physischen Weltbeschreibung hatte vor 150 Jahren Alexander von Humboldt vermerkt: Wenn der Mensch mit regsamen Sinnen forsche oder in seiner Phantasie die weiten Räume der Schöpfung durchmesse, wirke unter den vielfachen Eindrücken, die er empfange, keiner so tief und mächtig als der, welcher die allerverbreitetste Fülle des Lebens erzeuge. Die Natur sei in jedem Winkel der Erde ein Abglanz des Ganzen. Die Gestalten der Organismen wiederholten sich in anderen Verbindungen, auch der eisige Norden erfreue sich monatelang krautbedeckter Flächen, großblütiger Alpenpflanzen und milder Himmelsbläue.
Das schwere Orchester bereitete im fünften Satz der Passacaglia, seinen Abgang vor, jedoch, wobei die Bühnenbeleuchtung matter wurde, tauchte aus der rückwärtigen Saalhälfte ein Wal auf, der sich über die Köpfe der Zuhörer und Zuschauer hinweg durch imaginäre Fluten eine Passage bahnte. Er stieß eine Atemsäule aus, sank danach, ohne jemanden zu streifen, wasserverdrängend unter, um nach einer Weile erneut sich hochzustemmen.
Seine kleinen Augen blinzelten, auf seinem Rücken hing die Haut in Fetzen, als hätte er Sonnenbrand, in dem Flöhe, Krebse und Läuse nisteten, Plagegeister, die von Pilotfischen und winzigen Vögeln, deren Herkunft niemand kannte und die jede Fahrt in die Tiefe überstanden, abgeweidet wurden.

Der Wal, verfolgt von Tuben, Trompeten, Posaunen und einem tau-
melnden Schellenbaum, wurde schneller, viele Tonnen aus Einge-
weiden und Knochen wie im Flug steuernd. Dazu sang er, Echos holend
von Schelf zu Schelf und nach Antworten peilend anderer Wale, die ir-
gendwo in den Meeren verborgen waren. Kein Komponist, selbst nicht
Nono, Erfinder fast stumm ineinanderstürzender Blas- und Streichin-
strumente, gepaart mit elektronischem Gestöber, hätte solche Lieder
auf Notenblätter zu schreiben vermocht, denn die Melodien des Wals,
ein hochfrequentes Klicken und Sirren, entsprachen eher den Wellen
oder Korpuskeln magnetischer Elektrizität, die zudem noch etwa die
Textmasse des Neuen und Alten Testaments beinhaltete, fehlerlos in
einem Zug vorwärts- wie rückwärtsgelesen.

In Groß-Pampau, einem unbedeutenden Weiler in Südholstein, so daß
es für ihn im Telephonverzeichnis keine Leitzahl gab, waren in einer
Tongrube aus dem Miozän, 25 Millionen Jahre her, Gerippe von Haien
und Urwalen gefunden worden.

Ein ebenfalls in Südägypten ausgegrabenes Skelett, benannt Basilo-
saurus isis, besaß wie das in Groß-Pampau vorn zwar Flossen, jedoch
hinten 60 Zentimeter hohe Beine, die einen Leib von schon 16 Metern
tragen sollten.

Wissenschaftlerinnen erklärten, damit hätten die monströsen Tiere im
Trockenen zur Begattung auf andere kriechen können. Die genetische
Konsistenz einer Fliege, die nur einen Tag lebe, oder die einer Knob-
lauchzehe entsprechend der des größten Säugers, dessen Wirbelsäule
Jahrmillionen gebraucht habe, um Meter für Meter zu wachsen.

Der Wal, unterwegs von einer Memopause zur anderen, sperrte sein
Maul auf und sog Nahrung ein, Krillkrebse hunderttausendfach, die in
seinen Bärten hängenblieben. Zum Hinunterschlucken der Fracht ver-
schlang er etwa tausend Liter Wasser, die hinterher durch das Atem-
loch hinausgepreßt wurden.

Weiße Flocken, sämtliche Fagotte, und rötliche Horizontale, Flöten und Klarinetten, schwangen hin und her; Kontrabässe, Violinen und Tenortuben griffen am Dirigenten vorbei, der den Komponisten entgegen Aufführungspraxis zu sich aufs Podium winkte, wo beide ratlos ihre Köpfe über die Partitur senkten.

Ein Kinderwal hatte sich im Strom der Musik dazugesellt. Das Jungtier wollte nicht verstehen, daß seine Mutter manchmal aus der Meeresfläche heraus sich senkrecht stellte und für geraume Zeit mit der Hälfte ihres riesigen Leibs im Freien verharrte, während das Kind seinen Kopf gegen den Bauch der Mutter stieß, damit sie in die Tiefe zurückkehrte, wo Orgeln spielten, Bögen über Kiefern kratzten und scheue kleine Taucher hinter Korallenbänken Verstärker und Manuale bedienten.

In der quasi Cadenza waren die fünf Saxophone, ein Ärgernis, wieder allein unterwegs. Sie verfolgten mit Zweiunddreißigsteln und Vierundsechzigsteln einen Gegner, den sie, obwohl er nur gemächlich auf- und abrollende Technik vorführte, nicht einholten.
Schließlich besaßen die Instrumente kaum mehr Luft, fingen zu seufzen und zu husten an.

Dazu gehörten Gedichtzeilen:

Manches Mal, wenn ich traurig bin,
bilde ich mir ein, ich sei ein Wal,
ein tonnendicker Lungenfisch,
der nicht mehr ins Trockene zu kriechen bräuchte,
um sich zu veredeln, ausgesetzt Regen und Wind
und der messerscharfen Konkurrenz der Menschen.

Ich lehnte den biologischen Wandel ab,
verringerte freiwillig die Zahl
der nicht benützten Gehirnzellen
und stürzte mich in die Fluten zurück,
wieder einig mit einem Pfand,
das Antwort fände in den langsamen
überlegten Bewegungen der Wale,
ihre Leiber wälzend wie Berge,
und Melodien erzeugend gleich deren Hall,
geborgen in einem Element,
größer als jedes Land.

Zuletzt im Echo, waren die Saxophone erschöpft. Mundstücke wurden entfernt und Spucke rann aus Rohren. Vereinzelt warfen Geigen, Tuben, Klarinetten, Oboen, eine Posaune und zwei Flöten zum Abschied da und dort noch Bojen aus, die von dem auf- und abschlagenden Tankerruder des Wals zerschmettert wurden. Dem Sog des zweigeteilten Schwanzes folgte der Kinderwal, strudelnd im Pianissimo eines Violincellos und einer Kesselpauke.

Keine Evasion mehr im Saal; das Publikum alleingelassen, musste sich zurechtfinden, ähnlich mühten sich Orchester und Dirigent auf dem Podium.

Im Epilog nach dem Echo hatte der Komponist auf einen der freien Plätze in der Partitur einen Spruch des überaus eitlen Schriftstellers und Nobelpreisträgers Elias Canetti geschrieben, der nichts, überhaupt nichts über Tiere, ihren Tod wußte. Die Textstelle aus Canettis Aufzeichnungen 1943/1949 war peinlich, aber Irrtümer eines Musikers und früheren Taxifahrers konnten trotzdem einer Symphonie dienen; siehe Chaosforschung und Synergetik.

Ich ging, hatte draußen Schwierigkeiten mit dem Zahlenschloß meines Fahrrads.

Regen bürstete Kopfsteinpflaster und Asphalt. Zwischen Feldherrn-halle und Siegestor fuhren Autos und Omnibusse im Schritt mit ein-geschalteten Scheinwerfern. Wäre Danroll Rossem, der naturalisierte Rätowelsche in seinem Parka mit übergestülpter Kapuze hinten auf dem Gepäckträger gesessen, hätte ich den Komponisten noch fragen können, in welchem Beruf seine Frau für die Familie Geld verdiente: als Mathematikerin oder als Haushälterin für Holundersäfte und ge-liertes Bier, die sich gegenseitig im Eisschrank bekriegten? Er antwor-tete nicht, auch nicht später auf Postkarten und Briefe, die ich ihm schickte.

Der Traum des Indianers *(aus: Makadam)*

Inzwischen schmutzig geworden
geht er mit seinem grauen Zopf
durch die Felder,
klopft den Kühen auf die Flanken,
ißt Wegerich und Sauerampfer,
gräbt einen Maulwurf aus,
dessen Blut er trinkt,
reißt,
wenn er keinen Durchgang findet,
den nächsten Zaun ein,
dann kehrt er zurück
in sein Stallgebäude,
wo Hühner zeternd
auf den Betten sitzen,
da das Fernsehgerät nicht läuft,
und alte Meister
an den Wänden hängen,
bekränzt von Eichenlaub.

Wenn er krank wird,
was auch geschieht,
läßt er sich
in die nächste Klinik fahren,
verlangt jedoch nach Heusamen
und nach einer zweifelhaften Hexe.
Die jüngsten Mediziner,
sie verstehen ihn.

Wieder daheim,
veranstaltet er ein Fest,
lädt seine Kinder ein,
die Frauen,
die er begehrte und jene,
die ihm mißtrauten,
möchte alle Verwandten,
vor allem die Knaben und Mädchen
aus den ersten Jahren,
als er in die Volksschule ging,
um sich scharen,
doch niemand kommt.

Er bewirft den Mond mit Stroh,
ißt Kerzenwachs,
prügelt einen gelehrten Pfau
aus dem Haus,
trinkt Jauche
und wenn er dann noch
Kraft hat,
schichtet er am nächsten Morgen
seinen Zopf neu,
von dem er glaubt,
daß er ihm Richtung gibt.

So möchte er sein,
sich anstrengend,
den Pfad nicht zu verfehlen
voll Furcht vor dem Tod,
den er haßt, dem er aber auch
genügend Sehnsucht leiht.

Die letzten deutschen Zigeuner *(aus: Operette)*

Wir sind versöhnt
und sind es gewöhnt,

daß Schnuckenack Reinhardt
für uns die Tangos spielt
tief im Land,
wo Weiden
aufsteigen in sanften Reigen,
Weidenschöpfe sich neigen,
im Huckepack der Tschingele
die Geige kratzt,
den Besen rührt,
dem Zupfbass befiehlt:
laß doch den Tränen ihren Lauf,
mach deine Fäuste endlich auf,
am Straßenrand Familien sitzen,
die Jammer als Musik benützen.

Ölige Schläfen,
Tote als Schäfchen,
in Großmutters Hand
Butterbällchen als Pfand.

*Dieses Gedicht wurde sowohl von Jürgen Klingel sowie von
Karlheinz Kluge ausgewählt*

| Karlheinz Kluge |

Poetische Feuer

Tendenzen westdeutscher Lyrik hieß damals, im Sommer 1977, das Seminar an der FU Berlin. Es gab eine heillos überfüllte Arbeitsgruppe zu Rolf Dieter Brinkmann, eine kleinere für Nicolas Born; lediglich eine Studentin und zwei Studenten wollten über den Gedichtband „Ziele" von Günter Herburger arbeiten.

Jener hatte uns in seine Wohnung in der Eisenacherstraße eingeladen. Wir saßen auf dem Boden, an der Wand Photos, die ihn mit seinem Sohn Daniel beim Bogenschießen zeigten. In der Mitte stand der Kassettenrecorder. Unsere Fragen waren brav, aber Herburger holte in seinen Antworten weit aus, erzählte von Wilhelm Lehmann, der Arbeiten junger Lyriker an den Rundfunk vermittelte; er sprach über den amerikanischen Dichter E.E. Cummings, den er schätzte. Warum, fragte er, sollen Gedichte nicht in Fußballstadien vorgetragen werden? Schließlich, auf Brinkmann angesprochen, antwortete er: London? Hier geblieben, hier geschieht es! Die Kassette vom 11. Juni 1977 besitze ich bis heute. Schrecklich unsere Pausen!

Anfangs gefielen mir jene Gedichte, in denen die Musik der Kinks oder Rolling Stones thematisiert wurde. Das änderte sich, als ich seine Gedichte über vagabundierende Seelen, den gewaltsamen Tod, die deutsche Massenvernichtung las. Die Basis dafür hatte Herburger u.a. im Paris der 50er Jahre gelegt. Er war aus der muffigen Adenauer-Nachkriegsatmosphäre geflohen, lebte in der Kulturmetropole auf der Straße, war Sekretär des Schriftstellers Joseph Breitbach. Solches Leben schärfte den Blick!

Das Gedicht Buchenwald beginnt filmisch. Der Blick geht nach oben, sieht die silbernen Festungen, amerikanische B-17 Bomber, die auch Kameras trugen; es gibt die Luftbilder vom KZ-Auschwitz-Birkenau, Baracken, Lagerstraßen, Appellplatz, die Rampe, Krematorium. „Im Arm das Telefon", das ist der Apparat und kann zugleich die tätowierte Nummer des Häftlings sein. Dann Akkordeonmusik, die Matrosen haben Landgang. Schluss. Aber man lasse sich nicht täuschen. In einer einzigen Zeile entlarvt Herburger, räumt auf! Im Gedicht „Die letzten deutschen Zigeuner" steht die Zeile „tief im Land". Einer der übelsten Filme, nein, Machwerke, von Leni Riefenstahl trägt den Titel „Tiefland". Dafür wurden über 100 Roma aus dem Zigeunerlager Maxglan zwangsrekrutiert, als Spanier verkleidet, um später in Auschwitz vernichtet zu werden.

Günter Herburger schlägt in seinen Gedichten aus fast allen Wortverknüpfungen und Anspielungen, aus einem immensen und vielfältigen Wissen poetische Funken; damit entzündet er seine Feuer! Und wie!

Buchenwald *(aus: Eine fliegende Festung)*

Zum ersten Mal
nach Jahrzehnten
geht er in wehendem Sommermantel,
darunter Hemd und Hose
ebenfalls blau,
durchs eingeebnete Lager
strikt der Kamera entgegen,
sagt, er fühle sich daheim.

Dort, sagt er, sei Block 40 gewesen,
dort, das Krematorium,
und Rufe habe es gegeben,
ausmachen, ausmachen!,
wenn Feuer aus den Schloten schlug,
silberne Festungen am Himmel flogen.

Der spanische Grande singt:
Wir pfeifen auf das Geld,
im Arm das Telefon,
von Bord gehen die Matrosen,
wenn die Ziehharmonika erklingt.

Sand *(aus: Makadam)*

Ich weiß nicht,
ob auch die Toten
verzeihen?

Scheindel Zipfele,
an deren Hand ich ging.

Technisch möglich,
aber ihre Hand,
die Auferstehung,
sie weiß nicht,
ob sie es kann.

Schöne Menschen,
sagte sie,
waren meine Eltern.

Schmuckstück,
riefen jene,
die Kleider
an Haken hängend,
die Schuhe stellten sie
paarweise darüber
bis zum Anstoß.

Ein wenig sangen sie noch,
bevor sie, einatmend,
zu Trauben wurden.

Man muß noch verstehen,
daß ein Vater,
um Luft zu bekommen,
sein Kind zerriß.

Beim Öffnen der Türen
war die größte Anstrengung
für die Zurückgebliebenen,
die Hilfskräfte,
sich zu erinnern.

Später wurden sie
als Zeugen verbrannt,
starben auch freiwillig.

Gewaltig die Lohe
aus den Gruben,
ihr Anblick
nichtswissensmehr.

Grausam Paris *(aus: Das Brennende Haus)*

Es war sehr kalt,
wir schliefen damals
auf Rosten
über U-Bahn-Schächten,
während Sisyphos
seinen Stein den Berg hinauf-
rollte und zusah,
wie er wieder fiel.

In einer Kanisterstadt
gab es Suppen zu essen;
in der deutschen Botschaft
wurden Zimtsterne verteilt,
und ein Mann, für den ich
Radartexte übersetzte,
gab Wachteleier und Zigaretten
aus Schokolade in Zahlung.

Er war sehr groß
mit kurzgeschorenem Haar
am Hinterkopf.
Ab abends acht Uhr rief er
seinen Onkel, den er verehrte,
nicht mehr an,
schickte ihm nur noch
Rohrpostbriefe, petits pneus.

Im zweiten Jahr,
als wir wiederkamen,

brieten wir Euter im Hof,
die nach Fahrradreifen schmeckten,
und verkauften den einen,
dann den anderen Ehering.
Ein einfaches Leben,
erklärten wir tränenüberströmt,
verlange geringe Antworten
oder Tod.

Meine Frau lernte
wie ich Männer kennen,
und wenn wir uns trafen,
lächelte sie ebenfalls.
Nach zwanzig Jahren,
bevor sie in einer Wanne starb,
schenkte sie meiner Tochter
eine gravierte, silberne Zahnbürste
in einem mit blauem Damast
bezogenen Bett, das aussah
wie ein kleiner Sarg.

Nun weinte ich nochmal,
hinausschauend durchs Fenster,
dachte an lange Fluchten,
an Kampf und Talg,
wie verzweifelt und hoffend
wir gewesen waren, Kinder
der kurzen Zeit nach dem Krieg,
Eroberer fremder Städte,
Kundschafter und Späher,
Wassertrinker und Apfelesser,

tüchtige Blinde,
die von Tür zu Tür
ihr Geld verdienten,
begierige Chronisten
und Schlächter ohne Arg.

Wo die Seelen sind *(aus: Sturm und Stille)*

Unablässig rinnen sie
durch Städte und über Land,
sehen sich satt
an Strommasten und Vögeln
und nehmen,
um glücklich zu bleiben,
von zuhause ein Kopfkissen
oder das Paßbild eines Enkels mit.

Wer unterwegs stirbt,
wird getrocknet und zurückgeschickt;
wer das Meer erreicht,
wirft sich in die Fluten
und schwimmt hinaus.
Nur wenige erreichen Malta
oder den Strand der großen Sirte.

Zuweilen jedoch
gibt es eine Überraschung:
Einige verkleinern sich,
werden zu Blindschleichen, Asseln,
die zwischen Eisenbahnschienen
trotz Hitze oder,
wenn ein Zug über sie fährt,
durch Orkane
ihren Weg finden.

Wohin sie gehen,
wissen wir nicht.
Vielleicht leuchten sie
nach einem Jahrtausend
wie Sternschnuppen auf
oder sie haben sich
erschöpft eingerollt
und noch mehr verringert,
bis sie zu Puder wurden,
den Wind,
der von der Sonne kommt,
aufhebt und mit sich nimmt.

| Susanne Lang |

Der Griff zur Tür *(aus: der Kuss)*

Sitzt vor dem Fernseher,
singt und pfeift, bildet sich ein,
sie wäre gewesen auf dem Camino
Compostela, es rollte der Karren.

Ihr Haus, ein Fertighaus
der Garten liegt am Hang.
Unten, wo ein gemauerter Kamin steht,
liegt auch ein Tümpel, auf dessen Fläche
sich Öl sammelt aus Tanks
der einstigen Wehrmachtsiedlung
Kinder wollte sie nie haben,
hätte auch keine bekommen können.

Sie lässt das Elektrowägelchen sich bewegen,
dann trinkt sie Schnaps,
der ein wenig säuerlich riecht,
sie verknotet die Henkel einer Plastiktüte
vor dem Hals, als sei sie der Elefantenmensch,
während ihr Kopf sich bereits neigt,
und nur noch leise zu hören, sind die immer
schneller werdenden Atemzüge der Angst.

Wie gewohnt süßlich am Anfang, man schwelgt in Schönem,
dann die grausame Wahrheit, das wahre menschliche Empfinden.
Wieder ein Thema in unserer Gesellschaft, unbequem,
totgeschwiegen und vergessen.

Ein alter Mensch in Monotonie, Einsamkeit gefangen, gelangt in die
Abwärtsspirale. Scheinbar unscheinbar, niemand hört und sieht,
keiner interessiert, gefühllos.

„Elefantenmensch" Ausweglosigkeit!

Günter Herburger durfte ich vor 5 Jahren kennenlernen, dank
Siegfried Späth, sein verspätetes Geburtstagsgeschenk mit Manfred
Kochlöffel überreichen.

Er empfing uns in seiner Wohnung in Berlin. Ich war und bin bis heute
begeistert von seiner Sprache, die nicht nur Wort ist, sondern Bilder,
Musik; sinnlich, aufmüpfig und gewaltig.

Die Aneinanderreihung ist nur ein kleiner Ausschnitt.
Auch die Zugewandheit zu „allen Kreaturen" hat mich fasziniert.
Ich bin so dankbar, das ich Herburger kennenlernen durfte.

| Dr. Wolfgang Proske |

Günter Herburger ist tot: Von einem, der senkrecht stehend begraben werden wollte, dann aber doch waagrecht hingelegt wurde.

Als ich im Mai 2018 angefragt wurde, ob ich mich an der Bestattung von Günter Herburger mit der Grabrede beteiligen wolle, sagte ich spontan zu. Schließlich hatte er seinen letzten Gedichtband „Schatz" in meinem Verlag veröffentlicht und außerdem kannte ich ihn nach einem Besuch in seiner Berliner Wohnung auch persönlich. Was sich daraus dann aber im weiteren Verlauf entwickeln sollte, war gelinde gesagt sehr ungewöhnlich und trug mit Blick auf Günter und sein Werk tragische Züge.

Meine Auftraggeber sollten seine engsten Freunde sein, nachdem auch Günters Frau Rosemarie im Gefolge des Unfalls mit ihm gestorben ist. Sigi Späth von den „FreidenkerInnen Ulm/Neu-Ulm" übernahm das Organisatorische und sprach sich mit Anthimos Toupheksis ab, der vor Ort in Isny lebt, dort, wo Günter Herburger und seine Frau begraben werden sollten. Wir diskutierten, welche Musik angemessen sei: Jan Garbarek vielleicht, aber auch von Beethovens Symphonie Nr. 6, 1. Satz war die Rede, von Miles Davis, Ray Charles vielleicht oder „When the music's over" von den Doors. Ich betonte, dass ich kein Literaturwissenschaftler sei und auch mit dem Werk Günter Herburgers zu wenig vertraut sei, um diesen Aspekt in den Mittelpunkt zu stellen. Das sei kein Problem, betonte Sigi, denn das würden andere übernehmen.
Somit traf ich mich mit den beiden oben Genannten sowie seinem Stiefsohn Oliver Suthan im Stammhaus der Familie in Isny. Herrn Suthan interviewte ich zum Leben Günter Herburgers und wir regelten außerdem die nötigen Formalia der Bestattung. Bei der Bestattung solle ruhiger Jazz gespielt werden. Es wurde besprochen, dass er „aufrecht stehend" begraben werden wolle und ich versprach, mich darum zu kümmern und zu versuchen, das durchzusetzen.

Ich erfuhr, dass Günter am 6. April 1932 in Isny geboren wurde. Die Beziehung zu seinem Vater, einem Tierarzt und strammen Nazi, war schwierig. Er hasste seinen Vater, wurde deshalb zum Antifaschisten und wollte nur noch weg aus der Provinz, als er das Alter dazu erreicht hatte. Seine Jugend habe ihn zeitlebens bewegt, aber wenn er über Isny schrieb und die dort lebenden Menschen charakterisierte, auch ihre Liebschaften behandelte, nahm man ihm das übel.

Er studierte in München Theaterwissenschaften, Literatur, Philosophie und Sanskrit. 1953 ging er für drei Jahre nach Paris. Anschließend war er auf Reisen durch Spanien, Israel und Nordafrika. Er ließ sich zuerst in Stuttgart nieder. 1964 erschien sein erstes Buch „Eine gleichmäßige Landschaft". Im gleichen Jahr kam es zu einer ersten Teilnahme an einer Tagung der Gruppe 47. Er ging für zehn Jahre nach Berlin, dann von 1970 bis 1995 nach München, später nach Isny, wo er im elterlichen Haus in den 2. Stock einzog. Seiner Geburtsstadt Isny blieb er in einer Art Haßliebe verbunden, das früher bunte Allgäu war ihm zur „grünen Hölle" geworden, die Hauptstraße zur Freßstraße. Er fand es furchtbar, dass überall die Landschaft versiegelt wurde. Ab 2008 lebte er mit Rosemarie in Berlin in der Blissestr. 65.

Günter Herburger gehörte zu den wichtigsten Stimmen der deutschsprachigen Literatur. Er veröffentlichte zahlreiche Romane. Erzählungen, Gedichtbände, Hörspiele und Filmdrehbücher.

Für sein Gesamtwerk erhielt er zahlreiche Preise, u.a. den Lübecker Autorenpreis, den Peter-Huchel-Preis und den Hans-Erich-Nossack-Preis. Er war Mitglied im deutschen PEN, der wichtigsten hiesigen Schriftstellervereinigung. Gleichzeitig waren ihm formale Mitgliedschaften letztlich egal. Ihm ging es um Beziehungen.

Ich verstand das so, dass er deshalb auch nicht formell Mitglied bei den Ulmer/Neu-Ulmer FreidenkerInnen war und dass er es wohl auch „vergessen" hatte, aus der evangelischen Kirche auszutreten, in die er wohl 1974 und vermutlich aus Liebe zu seiner Frau hineingewechselt war. Derart relativiert sich auch seine zeitweilige Mitgliedschaft in der DKP. Sie sei ihm, so der Stiefsohn, wichtig gewesen, weil er so als Prominenter mit bevorzugter Behandlung durch den damals noch realsozialistischen Osten reisen konnte. Im Westen hat man ihm die DKP-Mitgliedschaft übelgenommen, es sei zu Telefonterror gekommen, auch die Aufträge z.B. von Radio- und Fernsehsendern seien zunehmend ausgeblieben. Da nützte es auch nichts, als er die DKP wieder verließ, nachdem diese zunehmend autoritärer wurde.

Ein Leben lang war Günter Herburger aufsässig und kritisch. In seinen Büchern wurde es nie thematisiert, aber er war auch depressiv und erst in Berlin durch Medikation davon befreit. Gleichzeitig hat er gerne regelrecht gesoffen, oft billigen Fusel. Er schrieb bis zu seinem Tod, war ständig dabei, Briefe zu beantworten. Sein Leben war die Gegenwart, nicht die Vergangenheit. Er war überzeugt, „dass es im Alter erst richtig losgehe".

Eine besondere Leidenschaft war das Marathonlaufen, bis hin zum Extremmarathon. Besonders gerne durchquerte er Wüsten. Er war überzeugt, dass sich ab einer bestimmten zurückgelegten Laufstrecke das Denken zu verändern beginne.

Man müsse „davonlaufen, um zurückzufinden". Im Gedichtband „Schatz" findet sich auf S. 59 eine selbstgefertigte Zeichnung von einem erträumten „Sehnsuchtslauf" durch den grünen Hadramauth im Jemen und dem Satz: „Nicht mehr möglich wegen Bomben und Granaten".

Gestorben sind Günter Herburger (3.5.) und seine Frau (25.3) nach einem Wohnungsbrand an Rauch- und Brandvergiftung. Er lebte noch knapp sechs Wochen im Krankenhaus. Günter Herburger war dreimal verheiratet. Aus seinen Ehen gab es zwei Kinder: Daniel, der sich von ihm abgewendet habe und dessen weiterer Lebensweg unklar ist, sowie Katrine, schwer behindert, die in einer betreuten Werkstatt arbeite. Stiefsohn Oliver habe „abgekriegt", dass Daniel inzwischen „verschollen" sei. Einen Eindruck dieses Verlustes bietet die von Günter Herburger selbst vorgenommene Illustration in „Schatz" auf S. 5.

Als ich gerade aus Isny zurückgekehrt war und mich daran machte, all diese Information zu sortieren und mir ein Konzept für die Grabrede zurechtzulegen, erhielt ich um 21.30 Uhr einen Anruf, dass die Bestattung nun doch vom evangelischen Pfarrer Ziegler übernommen werden solle. Obwohl es keine Hinweise gab, dass er je Kirchensteuer bezahlt habe, habe der Pfarrer der Aussage des Stiefsohnes vertraut, dass Herburger „evangelisch geworden" sei. Der Pfarrer machte daraus, die Herburgers seien „stets Glieder der Kirche geblieben".

Bitte erlauben Sie mir, mit einem Gedicht von Günter Herburger von ihm Abschied zu nehmen:

Der Tod tritt aus dem Gebüsch,
hat einen leuchtenden Kürbiskopf auf
und einen Regenmantel um.
Fürchtet euch nicht, sagt er
Und reißt seinen Kopf ab.
Es ist der kleine Peter,
hat sein Fahrrad dabei.

aus Schatz - Liebesgedichte

| Anja Röhl |

Ich verliebte mich in Günter Herburger im Sommer 1968, als er im Hause meines Vaters, des Verlegers, K2R zu Besuch war. Ich war damals 13 Jahre alt. Die Liebe hielt mein ganzes Leben lang an und hat sogar seinen Tod überlebt. Im Gegensatz zu meinem Vater war dieser Mensch nicht zynisch, sondern echt, nicht böse, sondern sanft, er war nicht lustig auf Kosten anderer, sondern lachte zusammen mit ihnen.

Er beobachtete genau und interessierte sich für alles, was um ihn herum war. Seine Augen waren ein Phänomen, lachend und mitleidig waren sie, konnten neugierig fragend in einen hineintauchen, verführerisch und scheu zugleich, flehend, wie er in der letzten Stunde seines Todes ausgesehen hat. Immer hat man jedes seiner Gefühle in seinen Augen gesehen, sie waren ungeheuer offen, verletzlich und sie konnten schnell weinen und auch schnell, explodierend, lachen. Kinder insbesondere nahm er als gleichwertige Menschen wahr, er ehrte und achtete sie wirklich, er gab ihnen immer eine besondere Bedeutung. Er achtete auf ihre Gefühle und das tat er auch bei mir, dem fremden Kind, dem Scheidungskind, dessen Kummer dem seines eigenen Sohnes glich, auch einem Scheidungskind, das bestraft wurde, lebenslang, für die Fehler seiner Eltern und nun seinem Vater nicht mehr nah sein durfte, mit ihm nicht mehr das Badezimmer teilen, nicht mehr in sein Bett kommen, nachts, nicht mehr bei ihm wohnen und liegen und getröstet werden durch das Hämmern auf der Schreibmaschine. Er wunderte sich, schrieb er später, warum ich bei meinem Vater kein eigenes Zimmer zu haben schien, keinen Raum einnahm, eine Person war, die keine Rolle spielte, höchstens die eines Hausmädchens, eingeschüchtert und ohne jede Liebe. Ihn selbst, der seinen eigenen Sohn vergötterte, und seine unfreiwillige Trennung von seiner ersten Familie betrauerte, dauerte das und er sah mich genauer an und wandte sich mir fragend und ehrlich und mit großer Freundlichkeit und intensiv zu. Das war sehr besonders für mich und ich entflammte heimlich für ihn, so sehr, das ich es kaum verkraften konnte in diesem frühen Alter, in dem ich bei einem erwachsenen Mann ja gar keine Chance haben konnte. Ich schlief keine Nacht in den drei Tagen, wo er und sein Freund im Hause meines Vaters Ferien machten. Ich vergaß all meinen Kummer um meine verlorenen Geschwister, deren Aufenthalt ich damals nicht einmal kannte, ich wurde fröhlich und überschwänglich. Er nahm mich in dieser Zeit einmal mit zu einem Erwachsenenbesuch, da sprach er mit mir, wie zuseinesgleichen. Er erzählte, wie sehr er sich auch eine so große Familie wie diese Familie, die wir besuchten, wünsche, und wie sehr er unter der Trennung von seinem Sohn litt. Er weinte fast und zeigte dann auf Hillers Pfefferminzbonbons, die er zwecks Aufmunterung immer in seinem Auto, es war ein weißer kleiner VW Käfer, liegen hatte.

Er leistete sich keinerlei sexuelle Anmache oder Übergriffigkeit, wie es andere aus dem Freundeskreis meines Vaters bereits getan hatten, sogar mein Vater selbst, für den das Alter 12,13 der größte Anreiz war, wie er mir nicht aufhören konnte mitzuteilen. Günter dagegen nutzte meine Gefühle, die er vielleicht spürte, nicht aus. Es gab seinerseits nicht mal eine Ahnung meiner Gefühle für ihn. Und wenn, schrieb er mir später, wäre ein Kind für ihn absolut tabu gewesen.

Ich sah ihn dann zunächst nicht wieder, denn bald darauf verkrachte er sich mit meinem Vater. Aber ich war erfinderisch. Um mit ihm in Kontakt zu kommen, ließ ich mir von Helga seine Adresse geben und schickte ihm ein ganzes Paket mit Dr. Hillers Pfefferminzbonbons-Rollen, dazu legte ich einen Zettel: Die Gute-Laune-Schachtel.

Belustigt und gar nicht verwundert schrieb er zurück, er werde nun wie eine Rakete durch seine Zimmerdecke fliegen und immer bei bester Laune bleiben. Von da an schrieb ich ihm ab und zu. Er antwortete freundlich, originell, witzig und einfühlsam. Auf meine Probleme, die ich ihm manchmal auch und nur in größter Verzweiflung schilderte - ich hatte zu der Zeit ein akutes Hüftleiden, sollte operiert werden, war sehr allein, bekam keinen Besuch im Krankenhaus, nicht von meinem Vater, nicht von meiner Mutter, ließ er sich immer ein, er gab Ratschläge, war nett. Er schrieb meinem Vater sogar, er solle gefälligst seine Tochter besuchen. Ich lebte viele Jahre, bis zu meinem 18. Geburtstag in der Glut der damals unbemerkt und unbeachtet entfachten Liebe zu einem Menschen, von dem ich nur eine winzige, im Grunde gar keine Ahnung hatte.

Ich hatte ein Foto von ihm aus einer Zeitung ausgeschnitten, ich schaute es mir unter der Bank in der Schule an, Stromstöße durchzuckten mich. Auf Kindergeburtstagen wälzte ich mich schreiend und lachend auf dem Boden, wenn ich sein Bild heimlich anschaute. Ich schöpfte viel Kraft aus diesem Gefühl. Der Mensch hatte mich bezaubert, und seine so ohne Hintergedanken gegen mich geübte Freundlichkeit hatte mich, die ich durch ewiges Alleinsein und durch die Kälte meiner Eltern, wie ausgehungert nach Liebe war, gänzlich für ihn eingenommen. Mit 18 besuchte ich ihn, weil ich mich einer Freundin eröffnet hatte und die mir dazu riet, „damit es vorbei ginge".

Da hatte er grade geheiratet. Das Verliebtheits-Gefühl schien weg zu sein. Wir unterhielten uns ruhig, sachlich, nett. Er kochte Urschlammpfanne, zusammen mit einem hübschen Jungen, der war sein Sohn und doch nicht seiner, wie ich erfuhr. Der Sohn seiner Frau. Ein weiches Gesicht mit langen, in braunen Schulterwellen um sein Gesicht herum fließenden Haaren. Es war eine angenehme Familienatmosphäre. Die Frau war sehr schön, schlank, dunkelhaarig, selbstbewusst. Sie diskutierte heftig mit mir. Danach war ich ruhig und ging den Flur lang zur Wohnungstür, er brachte mich hin. Zum

Abschied drückte er meine Hand auf eine ganz bestimmte Weise, er schaute mich an, es war ungeheuer einnehmend. Er sagte, dass wir uns bestimmt bald mal wiedersehen würden. Das war Zuviel. Die Treppe sprang ich schon hinunter, auf der Straße raste ich. In mir brach ein Vulkan aus, ich schnappte nach Luft, ich schrie lautlos vor mich hin, vielmehr es schrie in mir, und mit vollem Ton kam es aus mir heraus, sobald ich auf einer Straße allein war. Mit dem Kopf wollte ich gleich durch die Schaufensterscheiben. Danach sah ich sein Trugbild ein Jahr lang überall. Ich begann ein Tagebuch, das ich an ihn adressierte. Ich hatte mir seine Nummer besorgt und rief ihn einmal kurz an, nur um seine Stimme, sein unvergleichliches „Salut" für einen kurzen gestohlenen Moment zu hören.

Mit 23 Jahren schrieb ich ihm das und erzählte ihm von meiner damaligen Liebe, er reagierte bestürzt, wie sehr er mich leiden gemacht habe. Ich beruhigte ihn brieflich, das sei nicht so, ich dankte ihm sogar, denn mir habe diese Zugewandtheit und seine Art nur gut getan und das Gefühl für ihn mir immer viel Kraft gegeben. Mit 33 Jahren schrieb ich ihm erneut und traf mich mit ihm in einem Münchner Café. Damals war er 57 Jahre alt. Seine Gegenwart, unsere nette Unterhaltung, seine erneute emotionale, ganz ohne Arg gegebene, ungemein offenherzige Zugewandtheit, all das entfachte, obgleich ich es doch abkühlen wollte, erneut ein Feuer stärkster Sympathie in mir. Wieder zuhause, merkte ich, dass ich diese Unerfülltheit nicht mehr aushalten konnte. Ich beschrieb ihm meine Gefühle als Verrücktheit, die ebenso wie seine eigene Verrücktheit, die er in seinem Büchern schilderte, ihre Gültigkeit beanspruche. Danach lud ich ihn mutig zu einem Wochenende ein, damit ich, wie ich selbstironisch schrieb, von diesem irrealen Gefühl endlich „geheilt" würde, „davon weg" käme. Natürlich solle er nur kommen, schrieb ich, wenn er wirklich wolle, kein Mitleid, keine Verpflichtung.

Ich rechnete, schrieb ich, schon eher damit, dass er nicht kommen würde, das sei klar. Logisch, so mein Vorschlag, da wir beide in Ehen mit Kindern lebten, dass ich ihn nur zu diesem einen Wochenende und sonst nie mehr einladen würde. Ich müsse sowieso dorthin, das sei lange schon verabredet, log ich, ich müsse dort lernen. Ich schrieb ihm die Adresse eines Ferienhauses, in dem ich ein Doppelzimmer gebucht hatte. Es sei eine verrückte Idee und etwas überstürzt, aber es ginge nicht anders, da das Gefühl für ihn noch aus meiner Kindheit stamme und sich wenigstens ein einziges Mal nach Realität sehne. Er war neugierig geworden, rief eine Woche vorher an, sprach ohne Übergang die Worte: „Ich liebe dich. Ich komme!" Mich erfasste ein Taumel. Ich reiste gleich ab, verbrachte noch einige Tage bei einer Freundin, lernte dort das Pensum, was ich einbüßen würde durch seinen Besuch, an den ich noch nicht glaubte. Aber er hielt Wort, er kam. Ich war in einem sehr glückseligen Zustand, ich umarmte ihn einen Tag und eine Nacht lang wie ein Kind seine Mutter, wie eine Mutter ihr Kind, wie eine Tochter ihren Vater, wie eine Liebende ihren Geliebten.

Er war sehr erstaunt, auch überrumpelt, überrascht, er schlief in meinen Armen ein und erwiderte sehr vorsichtig und schüchtern meinen Überschwang von Zärtlichkeit. Es kam zu keinem Beischlaf. Es blieb alles zart und vorsichtig, als wollten wir uns nicht verletzen, als hätten wir alle Zeit der Welt. Danach schrieben wir uns. Wir hatten ausgemacht, uns einmal im Jahr, immer um den ersten Mai herum, dort im Blauen Haus, denn das war es, es war ein blaues Haus mit blauen Fensterscheiben, in der Nähe des Meeres, wo das Licht sich blau in unseren Gesichtern spiegelte, dass wir uns da also immer wieder erneut treffen wollten. Dazu kam es nicht. Treffen wurden romantisch geplant, akribisch bis in alle Einzelheiten ausgesponnen, im letzten Moment von seiner Seite abgesagt. Was sehr vernünftig war. Er war sowieso der Vernünftigere von uns, er war ja auch älter.

85

Unser Alltag lief getrennt weiter, unsere Familien und Beziehungen hatten ihre eigenen Gesetze. Wir fanden den Altersabstand zwischen uns für ein gemeinsames Leben unpassend, zu sehr aus verschiedenen Leben her kommend. Niemals auch hätte er Katrine und seine Frau aufgegeben. Stattdessen schrieben wir uns Briefe. Briefe, in denen ich ihm viel anvertraute und er mir immer lieb und zugewandt antwortete. Auch er erzählte aus seinem Alltag. Wir begannen, uns aus unseren Leben all das zu erzählen, was uns so beschäftigte. Es gelang, dass es zu einer Briefliebe kam, die nicht nur mir, sondern auch ihm Kraft zu geben schien, in der wir gemeinsam lachten, zärtlich waren, uns stritten, alles mit Worten, in einem Parallelreich, das zwischen Himmel und Erde war. Das sich nicht auf der Erde behaupten musste, nur brieflich. Wir überlegten auch, was es für Vorteile hätte, sich nur brieflich ein wenig zu lieben, es sei konfliktfreier, entschieden wir. Wir nahmen es lustig und als eine Art Literatur, wir fanden, dass wir unseren Partnern genügend Treue erwiesen, indem wir die Realität mit ihnen teilten. Ich trennte mich allerdings von meinem Mann, das war schlimm, hatte aber andere Gründe. Ich verliebte mich lange Zeit nicht, aber dann doch auch in andere und lebte neue reale Beziehungen. Er blieb die ganzen Jahre bei seiner Frau und seinem ewigen Kind. Unsere Briefliebe überstand alle Krisen, ja blieb fast frei von Ihnen. Manchmal versuchte sie sich wieder in einem Treffen zu materialisieren, es gelang aber nicht, blieb Träumerei.

Als er nach Berlin zog, in dem ich seit Jahrzehnten wohnte, verabredeten wir uns einmalig zu einem keuschen Museumsbesuch, Pergamon, dann zu einem Theaterbesuch, Gorkitheater, aus dem wir noch in der ersten Szene unter Protest hinausgingen, und ein Jahr später zu einem Konzertbesuch der Musik Luigi Nonos im Heizwerk in Kreuzberg. Nach diesen touristischen Unternehmungen trennten wir uns mit einem scheuen Kuss voneinander, es war schon beinahe nur noch freundschaftlich. Die Begegnungen versuchten anzuknüpfen an die seltenen im fernen München, wo wir einmal einen Kuss auf einem Friedhof gewagt hatten. Sie versuchten lustig zu sein, manchmal gelang das auch und wir lachten ein wildes gemeinsames Lachen. Wir versuchten auch schüchtern zärtlich zu sein, aber bleiben uns doch fremd. Innigkeit gelang nicht so wie in den Briefen. Wir gaben, uns zu treffen, auf.

Eines Tages entdeckte seine Frau einen Brief Günters an mich. Sie erreichte, dass er mich zu sich einlud, als seien wir verwandt und ich käme zum Spargelessen. Sie war dann aber plötzlich hart und klar und logisch, auch richtig sauer, und machte ihm Vorwürfe. Er saß gegen das Licht und schwieg. Sie meinte, er liebe mich, das hätte sie aus dem Brief gelesen und forderte ihn auf, sich zwischen mir und ihr zu entscheiden, eine Ehe zu dritt wolle sie nicht. Er schwieg. Sie würde die Beziehung zu ihm sofort lösen, er bräuchte es bloß zu sagen, sie hätte kein Problem damit. Ich beschwor sie, dass dem nicht so sei. Ich weinte und nahm alle Schuld auf mich. Es sei nicht, wie sie denke, sagte ich ein ums andere Mal, wir hätten nichts getan, niemals hätte er sie etwa betrogen, alles sei von mir ausgegangen, alles sei meine Schuld gewesen, und überhaupt, wir hätten nur Briefe geschrieben, nur immer Briefe....sie beachtete mich nicht, ich weinte.

Um Himmels Willen, ich wollte nicht schuld daran sein, dass seine Frau ihn, wo er 80 Jahre alt war und sie fast ebenso alt, verließ. Nach der Katastrophe versprach ich ihr, ihm nicht mehr zu schreiben. Es gelang mir. Ich bezwang den Drang ihm zu schreiben. Er rief am nächsten Morgen an, sagte, er weine blutige Tränen auf sein Kopfkissen, die kämen ihm heute morgen einfach aus der Nase, wir weinten dann beide, lachten auch etwas, weil das Ganze so absurd war.

Das schöne Spiel, es war vorbei. Ich antwortete nicht mehr oder nur noch sehr spärlich, mit langen Pausen. Ich fühlte große Solidarität mit der Frau, ich schrieb am nächsten Tag nur noch einmal, an beide, dass ich nicht mehr schreiben werde, sehr theatralisch. Er sagte zu all dem nichts. Als sie mich zum Bahnhof brachten, am Tag davor, liefen sie vor mir her und umarmten sich. Das sah sehr schön aus, innig und zusammengehörig, während ich allein lief. Es war aus, und ich war traurig, aber beruhigt. Am Bahnhof umarmte sie mich, ich wusste nicht, wie mir geschah, sie küsste mich sogar. Sie hatte begriffen, dass sie sich auf mich verlassen konnte, wir waren plötzlich wie eine Frauenkampffront, unser Feind war der Mann. Er wollte mich auch umarmen, ich wehrte ab, es tat mir zu weh.

Nach vier Jahren begannen wir wieder ein wenig mit dem Schreiben. Er fing an damit, fragte, ob wir uns nicht treffen könnten, ich wollte nicht. Ich schrieb ihm von meiner neuen Liebe, er schrieb nichts über die Krankheit seiner Frau. Wir sahen uns trotzdem nicht mehr. Kurz vor seinem Tod erreichten mich Hilfebriefe, ich antwortete sofort, ich rief dann an, als er schrieb und mir auf Band sprach, seine Frau wäre dement, er verzweifelt, beide am Abgrund. Ich versuchte noch zu helfen, es war zu spät. Ich war zu weit von seinem realen Leben entfernt. Ich konnte ihm nicht mehr helfen. Das ist unser persönliches Drama. Es stimmt, dass ich, wie er schrieb, ihm vielleicht sogar tausend Briefe geschrieben habe. Er antwortete mir immer. Für mich, im Reich der Himmelsbriefe, war er ein guter Mensch. So kennt man ihn auch aus seinen Werken, er litt unter der Welt und unserer Zeit und allen Dingen, die geschahen und immer noch geschehen, die ungerecht und todesbringend sind. Er wollte die Welt verbessern. Er konnte es nur durch Schreiben. Nehmen wir von ihm, was übrig blieb, sein Werk. Lernen wir durch das, was er schrieb und der Welt hinterlässt, seine Welt kennen. Gehen wir in seinen Schuhen, blicken

durch seine Augen, fühlen mit seinem Herzen, in seiner Welt. Er selbst sah sich mehr in seinem Werk als in seinem Alltag repräsentiert. Ein Dichter schreibt nur dafür. Wir haben jetzt die Aufgabe, sein Werk der Nachwelt zu erhalten. Ich halte mich an das, was er wollte, schrieb: Sind es Collagen, die ich lesen möchte? Oder suche ich nach einer Balladenform? Mir sind ein, zwei Gedanken jedenfalls zu wenig, mit denen sich Gedichte meistens zufrieden geben. Ich wünsche mir Gedichte, wie vollgestopfte Schubladen, die klemmen.
Aus: Günter Herburger, Luchterhand Verlag, Klappentext, 1984

Er schrieb weiter: Mich interessiert die Gegenwart, in der ich lebe, viel mehr noch die Zukunft, die ich auch noch erleben werde. Das heißt, ich möchte, wenn ich schreibe, durch mein Gewerbe größere Gerechtigkeit herausfordern, die einmal in der Befreiung der Menschheit münden muss. Große Worte für einen, der keine materielle Gewalt besitzt, Kommunist sein möchte, sich nach wahrhafter Gemeinschaft sehnt, doch auf Grund seines Berufes nur immer wieder allein am Tisch sitzt und auf seiner Schreibmaschine hackt und träumt. Doch ich werde, so hoffe ich, diesen ohnmächtig bequemen Zustand trotzdem auszunützen wissen.
Aus: Hauptlehrer Hofer, in : Die Eroberung der Zitadelle
(Sammelband), Fr/M, 1985, S. 52/53

Was er unter Liebe verstand, war etwas Beständiges, etwa so wie in diesem kleinen Haiko:
Komm bald
sei alt,
kenn mich,
wie ich dich
Aus: Liebe, in „Das Lager" (Sammelband), S. 75

Er konnte gut weinen und hat es oft getan:

Weinen, weinen,
den ganzen Tag weinen,
in der Nacht weinen,
die Knie knirschen im Liegen,
die Finger vereinigen sich
zu einer Faust,
die nach Gegenwehr verlangt.
Aus: Gebannt, in: Der Stolz der Urnen, S. 45
(bisher unveröffentlicht)

Er neigte zu Trauer und Hoffnung:
Der Schriftsteller Tränen
nehmen überhand.
Sie suchen Trost
bei ihren Kindern.
Aus: Kälber und Kräuter, in: Stolz der Urnen, S. 67
(bisher unveröffentlicht)

Er nahm eher Jesus als Aufgabe, wollte keinen Gott außer dem Menschen gelten lassen:

Es gibt keinen Gott, wir müssen alles selbst zustande bringen, dann wird es auch geschehen und uns gut tun.
Aus: Ein Fall für Pfingsten, in Eroberung der Zitadelle, S. 11

Für diese Anthologie habe ich herausgesucht, was mir an Gedichten besonders gefallen hat. Hier sind Sie, chronologisch geordnet:

KINDHEIT

(Auszug aus Sturz der Götter, in: Ziele)

Mein Vater, den ich verehrte,
weil er stehend auf einem
umgesattelten Pferd zu reiten verstand,
trat in die Partei ein,
erhielt einen Schlachthof,
später die Aufsicht über des Reiches
letztes Gestüt.
So saß ich in einem Baum,
wo ich ein Haus gebaut hatte,
das mir allein gehörte,
und weinte, ein Kind
mit harzigen Fingern, das nie mehr
seinen Vater, auf einem Pferderücken
aufrecht galoppierend, erleben wird.

Bin ich nun erwachsen, verantwortlich,
auf der Höhe meiner Zeit?
Immer mehr spüre ich die Schmerzen
in den Ecken des Landes,
wo sich Tote und Schuld verstecken,
muss, um nicht allein zu bleiben,
geduldig weiterfinden.

Ziele *(aus: Ziele)*

Als ich gelernt habe, wie man schießt,
Einzelfeuer oder Salven abgibt,
wie man mit schwerem Gepäck
sich ungesehen durch Wiesen bewegt,
wie man Brücken sprengt,
Kettenfahrzeuge steuert,
die Zeit an Hand von Sonne, Wolken
und dem Stand der Halme berechnet,
wie man ohne Nahrung tagelang
nur mit Wasser und Atemübungen auskommt,
wie man befiehlt, Befehle ausführt,
was es bedeutet, einen Feind zu haben,
den man erst kennelernt,
und daß ich seither auch weiß,
wie die lateinischen Namen für Pflanzen,
und jene für Mineralien lauten,
die wir in den Äther zu jagen vermögen,
nachdem ich in Schlafsälen groß geworden bin,
wo jedes Körnchen auf Grund der Enge
Bedeutung hat, da wir, die wir dort wohnen,
noch nicht von dieser Dichte überzeugt sind
und deshalb auf jede Unterbrechung der Gewohnheit
mit Flüchen, Schreien, Handkantenschlägen,
Stiefeltritten und Parolen antworten -

seither habe ich mein ganzes Wissen
und phantastisch nutzloses Können,
das ich mir erzwungenermaßen erwerben mußte,
obwohl ich Sehnsucht nach Gemeinsamkeit

und einer Art kosmischer Gewißheit hatte,
auf die Füße gestellt, bis es schmerzte.
Ich ging zu den Elendsten, den Idioten von Geburt an,
die man waschen und festhalten muß.
weil sie sonst um sich schlagen vor Angst;
ging zu den Dümmsten und Dicksten,
die in den Hochhäusern am Rande der Stadt
und vor Wut, daß sie so geworden sind,
ihre eigenen Namensschilder aus den Klingelbrettern reißen
und sonntags die Fernsehapparate aus den Fenstern stürzen;
ging in die Waisenspitäler, wo die Kinder
ihre Stirnen gegen die Gitterbetten schlagen
und die Schwestern sich gegenseitig Morphiumspritzen
verabreichen, bis aus Windeln Wolken werden;
ging in die Büsche, wo die Sexualmörder,
die jahrelang glühende Liebesbriefe geschrieben
und an Küchentischen zuhaus vorgelesen haben,
worauf sie immer wieder ausgelacht wurden,
nun Karten spielend in den Hecken auf ein Opfer warten,
an dem sie sich endlich erfüllen könnten;
ging auf die Autobahnen, um Tafeln zu errichten,
auf denen stand, daß die Ferien hier stattfänden,
hier, hier, im eigenen, reichen Land,
was lächerlich war, denn wieso sollte man
etwas zu lieben beginnen, was einem mißfiel?
Ging zuletzt zu einer Vogelwarte,
wo weißhaarige Wissenschaftler, die längst
mit dem Leben, das vorhanden war, abgeschlossen hatten
und mir erklärten, wir müßten wieder von den Tieren lernen,
nicht mehr von uns.

Bisher war ich verwirrt, dann voll Zorn gewesen,
nun aber weiß ich, daß die Berge, die versetzt werden
aus Glauben, noch klein sind im Gegensatz zu den
selbst verwirkten Taten aus Unglauben.

ERWACHSEN SEIN:

Training Jesu *(aus: Training)*

Ich bin
ich bin Jesus,
ich bin Jesus und ich bleibe hier,
neugierig in Warenhäusern, Schwimmbecken und Tiefgaragen,
wenn die Zinken der Rolltreppen eineinandergreifen
und meine Zunge nach Chlor tastet,
bis ich höre leise Echos im Beton.
Dort will ich sein, die Hand in Regalen, prüfend Glas um Glas,
Schraubverschlüsse, tausend Marmeladesorten, die ich langsam
im Mund zergehen lasse, daß die Süße aus dem Gaumen
wetterleuchtet, hallelujah!
Denn geschnitzt und gemalt hänge ich an Kreuzen, ein schöner
                                                 Lappen Fleisch
mit funkelnden Schlitzen und Dornen aus spitzem Gebäck,
                                              senkrecht im Strahl,
der aus der Kuppel fällt, ich erinnere mich.
Aus Gewohnheit sehe ich mich als Beispiel: Kinder knien vor mir,
die sich kratzen, den Atem anhalten und innerlich zählen,
wer es am längsten aushält, doch expoldiert der Friede -
warum, fragen sie, ein Toter,
warum einer, der gefoltert wurde,
warum immer etwas, das schon längst vergangen ist,
warum immer etwas, vor dem man sich fürchtet,
warum immer etwas, das langweilig ist,
warum ein Mann und keine Frau, sind sie dümmer,
warum weiß und nicht braun, schwarz, gelb, sind sie dümmer,
warum arm,

warum überhaupt,
warum überhaupt bei uns,
warum kein anderer oder viele, die niemand kennt,
dann würde es keine Mühe machen und niemand müßte
den Atem anhalten und innerlich zählen, bis alles platzt -
es lebe Winnetou!
Niedergefahren zur Hölle und am dritten Tag wieder auferstanden;
diese Maler, Vergolder, Retoucheure, die mich jämmerlich mager
in Kliniken nageln, wo Trost von den Wänden tropfen soll
für Kranke mit wässrigen Lungen, tag und nacht keuchend sitzend,
jeder Atemzug ein Stück kreischender Arbeit
gegen meine, wie es heißt, sanfte Ewigkeit,
die sich in tiefen Kirchenfenstern wiederholt,
Stimmungsbilder für musizierende Gewisssen,
wer nicht gebildet ist, genießt nur halb so viel.
Keine Stätten der Sammlung, geschichtliche Dome, kein
                                    architektonischer Mut
aus Beton, ein altes Kino ist mir lieber,
ich sehe, wie sie taumeln und vor Anstrengung spritzen,
dann erschöpft flattern aus Angst vor dem Tod.
Das kenne ich: Angst, die Erfindung der Angst,
Angst, die Schnäbel hat und hackt,
Angst. die satt macht, dicke Angst also,
Angst, die die Muskeln zusammenzieht und verknotet,
Angst, die das Sonnengeflecht strahlen läßt,
Angst, auf die man sich verlassen kann, die immer wiederkommt,
Angst, die in Kühlschränke gepackt werden muß, sonst zerfrißt
                                    sie alles,
denn Angst läßt sich konservieren und wiederverwenden,
sie ändert sich nicht, sie ist verläßlich und treu.
Mein Tod, wie mir erzählt wird, soll düster und schön gewesen sein,

hochgezogen an diesem Kreuz mit einer Sonnenfinsternis,
aus der die Sprüche zuckten - eine Oper für Frömmler.
Ich sehe mich anders, kränker, lustloser,
als einen aufgeklärten Menschen, der sich fürchtet
und diesen Zwiespalt pflegt, denn wenn der Vater tot ist,
so schrie und denke ich noch heute, dann lauert keine Kraft mehr,
dann macht keine Verzweiflung mehr Schlagzeilen,
dann wird nicht mehr auf den Papst gespuckt
und eine neue Ordnung verkündet, die wieder versteinern würde,
dann brennen große ernste Augen keine Krankheiten mehr aus,
dann werden Wunder nicht mehr zu Kleinigkeiten,
dann wird nicht mehr in den Himmel gefahren oder der
                                                  abgeschlagene Kopf
von Johannes dem Täufer zum Sprechen gebracht,
dann läuten keine Osterglocken mehr, es wird nicht mehr trompetet,
die Fenster und Balkone um den Hinrichtungsplatz bleiben leer,
nur noch der Hut auf dem Kopf leuchtet wie ein Lampenschirm
lächerlich einsam, ich kann nicht mehr rufen, ich ergebe mich.
Erfahrungen, die ich sammle, stützen:
ich lebend in Baracken- und Kanisterstädten, wo Kinder
aus Dreck und Urin Kuchen backen, Wasser schluckweise
von Mund zu Mund weitergegeben wird,
mich aber bestrahlen bunte Birnen, Muschelketten hängen an
                                                  Armen und Beinen,
im Haar stecken blutige Federn vom letzten Hahnenkampf.
Da der Zeh, wie er glänzt, der große schwarze Nagel,
blankpoliert von Millionen kleiner Explosionen, die sie Küsse nennen,
nasse Wärme von Schnute zu Schnute,
denn nur was drinsteckt, mach sie mutig.
Ich muß, sagen sie, ein Vorbild sein, das rein bleibt, segnet,
Platz bietet für Sprechchöre und Übungen vor dem Altar,

also eine leichte Pflicht verspricht, die den Mund erfrischt.
Ich aber sage, daß ich mit meiner Fresse ihre Fressen küssen muß,
da sie mit ihren Fressen meine Fresse küssen,
schon breitet sich meckerndes Wissen aus,
Kommt, kommt, ihr Fressen, seid gegrüßt!
Seid gegrüßt ihr dankbaren Bündel von Körperteilen,
beginnt euer Geknete, schafft eine neue Fresse für ich,
für mich, rennend, stolpernd, vor den Fressen gibt es keine Flucht,
wie es auch keine vor den Menschen gibt, die ihre Arme aufhalten,
weit auseinander, weit auseinander,
damit meine Fresse zu ihren Fressen findet, so will es der Friede,
stoßweise, satzweise, der Christus hängt.
Auf dem Fujiyama werde ich mein Kreuz verbrennen,
ich höre, wie es knistert, wie es ächzt, aber Gott rieche ich nicht,
für den ich, ich ein Sohn, ein Söhnchen, ein Himmelsschlüssel
gestorben sein soll, Drohung für jeden,
die Folter zwingt uns alle krumm.
Ich sehe, wie der Saft rinnt, der einmal Blut und Tränen war,
angefangen in den gebenedeiten Witwentüchern der Lehre,
erregende Rinnsale von Glaube und Zweifel, Hoffnungssaft,
jetzt dampft er in der Hitze, es neigt das Kreuz sich und es bricht.
Aufstobend im japanisch leeren Licht, wo es kein Paradiese gibt,
verlieren sich die Funken, und ich,
ein Zuschauer, der zu dem Spektakel klatscht,
es kann auch ein Stapellauf oder des Kaisers geschwollene Lippe sein,
ich neige mich freundlich über ein Steingärtchen
und studiere die Entfernung eines dünnen Kieswegs,
der von einer daumengroßen Eibe im Winkel bricht,
Beziehung auch zu Gräsern, Reagenznäpfe voll Eifer,
in einem schwappt ein Fischlein, der Docht erlischt.
Hier beginne ich, das ist meine Landschaft, eine wunderbare Wüste

voll Gase, Eisengeflecht, wütender Pflicht
hinter papierdünnen Wänden, wo eine Sprache bellt,
die krampfhaft nach Befreiung sucht trotz Elektronik
oder der gesamten Würde alter Direktoren,
die keine Scheu haben vor Geld, auch sich in Banktresoren
vor Teetassen verneigen und sich gegenseitig
gerötete Hoden zeigen, ich rieche ihre Geduld.
Dort will ich sein, unerkannt nylongekleidet inmitten fröhlicher
                                        Feuchtigkeit,
wenn wir uns durch volle Schächte pressen
oder rhytmisch stampfend gymnastische Übungen machen
auf den Vorhöfen der Verwaltung und Produktion,
dort werde ich sein, endlich erlöst,
ein Mensch, der Hiebe pariert und hemmungslos zielend
zu schlagen beginnt, weil er Angst hat wie jeder,
ich marschiere mit.
Ich bin,
ich könnte Jesus sein,
ich könnte Jesus sein und hier bleiben,
neugierig auf Systeme, Rolltreppen und Chlorgeschmack.
Ich klopfe nicht wiehernd auf die Schenkel
und drehe mich in derselben Schwitze, ich sage jetzt.
Jetzt sage ich, jetzt verteilen wir Gebäck und Fleisch,
beten Raketenmannschaften mürbe, sitzend, sitzend unter Schlägen
bis zu angestrengtester Lächerlichkeit,
nur wer mit lächerlichem Ernst schmutzige Füße küßt,
mit lächerlichem Ernst Panzern entgegengeht,
mit lächerlichem Ernst auf Skipisten predigt,
mit lächerlichem Ernst laut singt,
mit lächerlichem Ernst über die Bewässerung der Sahara redet,
mit lächerlichem Ernst Milchpulver verteilt,

mit lächerlichem Ernst Wunder vollbringen möcht
und immer wieder davon spricht,
der könnte Jesus sein,
jetzt.

Das Fliederlied *(aus: Ziele)*

Flieder im September, Oktober, November,
das gibt es nicht.
Die vielen, kleinen Kinder,
die nicht geboren,
sondern vorher schon verloren wurden,
haben kein Gesicht.
Ein wenig Lust, ein wenig Zeitvertreib,
mehr war es nicht,
als hätten wir bereut,
daß so viele kleine Kinder
auf die Erde kommen,
wo nur Hunger oder Schläge sie erwarten,
ein Leben lang nur Leid.
Aber wir, was machen wir,
wenn es dunkel wird im Winter
ohne Blumen, ohne Licht
und die vielen, kleinen, ungeborenen Kinder,
die uns ansehen,
haben kein Gesicht?

Flieder im September, Oktober, November,
das war einmal.
Als die vielen, kleinen Qualen
wieder schwanden
und wir nicht bekennen wollten oder konnten
nach dem Hochzeitsmahl.
Ein wenig Spaß, ein wenig Übermut,
mehr war es nicht.

Doch Glut und Sehnsucht
blieben haften, weil tief innen,
wo die vielen, kleinen Lügen sich verbinden,
noch ein wenig Glauben ruht.
Aber wir, was machen wir,
wenn es dunkel wird im Winter
ohne Blumen oder Licht
und die vielen, kleinen, ungeborenen Kinder,
die in unseren Armen ruhen sollten,
haben kein Gewicht?

Flieder im September, Oktober, November,
das gibt es nicht.
Aber Durst und Hunger
aller Kinder,
die sich quälen, zählen mehr
als der Verzicht.
Die Zeit verrinnt, Angst und Kälte nehmen zu,
nach jedem Tag,
den wir vergessen wollen,
wird das Übel, das schon herrscht,
auf dieser Erde immer größer,
nur noch Haß gibt Ruh.
Aber wir, was machen wir,
wenn es dunkel wird im Winter
ohne Blumen, ohne Licht
und die vielen, kleinen, toten Kinder
sitzen stumm und elend
zu Gericht?

Auszug aus: „**Der Gesang der Wale**" *(aus: Ziele)*

Man muß sich vorstellen,
wir könnten so sein:
übermächtig gelassen, schlau und kräftig,
zugleich kindlich neugierig,
während aus dem Atemloch Fontänen steigen
und der Schwanz gleich einem Tankruder
immer wieder ins Meer hineinschlägt,
Echo gebend von Schelf zu Schelf.
Entfernungen sind der Beweis
für Übersicht und Dauer,
ausgestattet mit einem Selbstverständnis,
das sich nicht mehr um Platz zu kümmern braucht.
bilde ich mir ein, ich sei ein Wal,
Manches Mal, wenn ich traurig bin,
ein tonnendicker Lungenfisch,
der nicht mehr ins Trockene zu kriechen braucht,
um sich zu veredeln, ausgesetzt Regen und Wind
und der messerscharfen Konkurrenz der Menschen,
die nicht so leben mögen wie er.
Ich lehnte den biologischen Wandel ab,
das Antwort fände in den langsamen,
überlegten Bewegungen der Wale,
ihre Leiber wälzend wie Berge
und Melodien erzeugend gleich deren Hall,
geborgen in einem Element,
größer als jedes Land.

GESCHIEDENER VATER SEIN:
Recht haben *(aus: Training)*

Wunderbar,
Der Schmerz meines Sohnes
und Flipper um mich herum mit goldenen Handgelenken.
Mein Sohn hing an der elektrischen Zahnbürste und schrie,
Schaum stand in seinem Mund, auf seiner Backe
zeichneten fünf Finger. Meine Frau
hat ihn geschlagen, nicht ich, die da,
verzweifelt im Badezimmer, ich ging.
Ein Zwanzigjähriger singt: „Tod eines Clowns"
mit Kopfstimme, die
Platte kauf ich mir.
Mein Sohn muss die Bürste säubern,
hoch an den Haken den Motor hängen,
dann darf er ins Bett.
Auf der Tafel steht Solei, Boulette,
einmal werde ich bis zum Ellenbogen in den Eimer
Kartoffelsalat langen und froh sein.
Meinem Sohn, der jetzt schläft,
kaufe ich morgen, sofort morgen eine Raumstation
mit auslegbaren Sonnenschienen, die die Farbe wechseln,
wenn man sie anfasst. Mein Gott, wie er schrie,
eine Wurzel unterm Bohrer, Rumpelstilzchen,
das sich entzweireißt im Badezimmer.
Ich tat ihm nicht weh, ich schwöre es,
ziehe meine Jacke aus, schlage ein Paket Bierfilze
von der Tischkante hoch, fange es wieder
mit einer Hand,
das ist gekonnt.

Liebe *(aus: Operette)*

Wenn mein Sohn
mit den schönen blonden Haaren,
mit den schönen blauen Augen,
mit dem schönen braunen Rücken
in mein Bett kommt und gähnt und weint,
dann rieche ich seinen Atem,
der wie meiner noch unrein ist doch uns vereint,
wie meine Stoppeln und seine kindliche Haut,
wie meine Furcht, der er Kraft zutraut,
wie mein trauernder Stolz, den er noch nicht kennt,
wenn wir insgeheim schon Abschied nehmen
und Grimassen schneiden, weil in nassen Augen,
wie er es nennt, der Horizont rennt,
er meint die Entfernung, so weit wie wir eben sehen,
seitdem er alles aufschreibt über Zeit und Geschwindigkeit,
er sah die Männer auf dem Mond, das ist nicht mehr weit
für ein Kind, das heute groß wird,
Astrophysiker werden will
und Gespenstergeschichten erfindet, den Plüschbär
im Arm mit schlauer Angst, zwiespältiger Genuss,
während ich streicheln und beruhigen muss,
sein heftiger Eifer und sein weiches Herz
erhöhen den Schmerz, ich sollte Streit beginnen
oder mir den Kopf abschlagen lassen, morgen lache ich wieder,
aber jetzt bin ich verzweifelt und weine wie er,
wie mein lieber, schöner, zärtlicher Sohn,
wir liegen noch im Bett, aber trennen uns schon.

FREUNDE UND OPPOSITION IM GEFÄNGNIS:

Marianne *(aus: Operette)*

Weißt du, Marianne, so lange du im Gefängnis
sitzt und mich in deinen Briefen beschimpfst,
was verständlich ist im Schein
der Milchglasscheiben, der Kartoffel-
leichen leerer Zellen um dich herum
der Isolierweihen, die sich immer wieder
stumm blöde zeigen,
weiß ich nicht einmal, wie groß du bist,
wie mager und krank, ich kann es nur
mit einem Gedicht verteidigen.
Es wird Wochen dauern, bis das Gedicht
dich erreicht durch die Zensur,
ich würde gern Postkarten aus
London, Paris, Rom, Kalifornien schreiben,
die erzählen, wie wir Bier und Rehbraten
essen im Chor mitten in der Luft,
ich habe es oft versucht,
doch ich sitze am Schreibtisch
und esse kalten Fisch,
fast so leer wie deiner ist mein Tisch.
Ich kann nur schreiben,
mich auf den Kopf stellen und
erfinden vor Zorn und Wehmut,
die gut tun.
Fast so leer wie dein Bauch
ist meiner auch.
Ich werde versuchen,

dir eine Wolldecke, eine Pelzjacke,
weil du immer frierst,
in die Zelle zu schicken
und dir ein Stück Atlantik ans
Gefängnis zu rücken,
auf dem wir segeln werden
in vielen Booten,
also nicht einzeln trotz
Teer und Gestank
hinein in die Kammern der Weltbank.
Die jedem gehören
ohne Dank.

ÜBER DAS BÖSE:

Das Böse ist weder medizinisch
noch sozial, jedoch das Schlimme ist es
ein Schuss, ein Stich, ein Herzeleid.
Das Böse kann auch ein Erdbeben sein,
eine Überschwemmung, eine Dürre.
Wenn das Böse ein Krieg ist,
haben alle schuld, sind voll Schadenfreude
und Tapferkeit, die Vergewaltigung der Erde.

Aus: In den Alpen *(in: Der Stolz der Urnen - bisher unveröffentlicht)*

Freiheit ohne Zaun

Endlich wurden wir gefunden. Polizei kam,
alles war vorbei. Ich verteidigte mich,
wurde angeklagt und schuldig gesprochen.
Dort, wo ich jetzt bin, lerne ich nicht,
wie man Gitter durchsägt oder Messer daraus schleift,
sondern wie man Gedichte macht. Unaufhaltsam,
während Scheinwerfer über die Fenster streifen,
gewinnen andere Gedanken von Zelle zu Zelle
an Macht, wie einst vorher der Traum
in der schrecklichen Freiheit ohne Zaun.

Aus: Als Ich Amerika sah *(in: Ziele)*

NEUE EHE UND TOCHTER:

Ehegedicht *(aus: Ziele)*

Geliebt haben wir uns,
daß das Gras um uns sich entzündete,
doch die Glut schadete nicht,
so selbstvergessen waren wir.

Verfolgt haben wir uns,
daß wir uns bis ins Mark trafen,
doch die Wunden schlossen sich wieder,
da kein Blut aus ihnen kam.

Seitdem wir uns aber geeinigt haben,
zusammen alt zu werden,
verwandelt sich die Liebe in Behutsamkeit,

und das Blut, das mitunter
nun aus Rissen quillt, schmerzt
Tropfen um Tropfen wie heißes Wachs.

Anna Katrina Nixnikitin *(aus: Ziele)*

So nennen wir seit neuestem unsere Tochter,
ein essendes, schlafendes, schreiendes Klümpchen,
das einen Herzfehler hatte,
verkrüppelte Zehen und Hüften,
deren Kugeln aus den Pfannen sprangen,
so daß das Kind für viele Wochen
in einer Hose liegen mußte,
die grausam auseinanderspannte.
Vor der Zeugung, alle Bücher im Kopf,
damit wir vom Allerbesten in die Zukunft schössen.
Ich aß nichts, trank nichts mehr,
sprang ständig treppauf, treppab,
bis sämtliche Schlacken verbrannt waren,
während meine Frau Töpfe voll Quark verzehrte
und auf eine unaufhaltsame Weise
Arabisch lernte, um Freude und Disziplin
in die Tiefe der Zellkerne hinein zu vereinigen.
Dann empfing sie mich, tränenüberströmt;
ich weinte mit.

Die Geburt: Ein Fest!
Ich: Wie immer dabei, die Hand haltend,
zugleich Meterkilogramme berechnend,
die eine Gebärende erzeugt
im Verlauf der Preßwehen.
Es ist eine Kraft, als säge man
mit einem Fuchsschwanz in der Faust
der Länge nach eine Fichte
vom Wipfel bis zu den Wurzeln entzwei.

Da war das Kind,
lag, kreidebleich, zwischen den Schenkeln
mit einem riesengroßen Kopf,
der in nassen Falten ertrank,
schrie dann und lebte.
An meinem kleinen Finger
der dicke, goldene Ring,
vererbt von meinem Vater,
der Viehhändler gewesen war,
platt geworden und Blut stauend
vom Griff meiner Frau.
Sie lachte und weinte
und schaute das Kinde an;
sie weinte zum zweiten Mal.

Aber Russen, die Nikitins,
eine Familie aus einer Kleinstadt bei Moskau,
er Ingenieur, jetzt Pädagoge,
sie Bibliothekarin, schrieben,
wir müßten sogleich mit der Erziehung beginnen.
Bald könnte das Kind schwimmen,
hinge, erst vierzehn Monate alt,
schon einarmig am Reck,
liefe mit vier Jahren ohne Hast
zehn Meilen durch Laub und Schnee,
räume auf, putze Schuhe,
steche Weihnachtsgebäck aus,
nenne eine Auto ohne Verachtung
eine Transportmaschine
und schlecke für sein Leben gern Eis.
Mit dreizehn mache es Abitur,

ohne daß die Pubertät zu früh eintrete,
Denken und fühlen, schwärmten sie,
seien eine wunderbare Einheit.

Seitdem sind wir verzweifelt,
denn selbst ein anderer Freund,
Mathematiker, Arzt und einer
der besten Dichter der Welt, ein Pole,
der im Alter noch einen ungebärdigen Sohn
bekommen hat, dem er aus Notwehr
bald einen Schäferhund kaufte,
der immer dicker wird,
weiß auch keinen Rat,
wie wir aus unseren Kindern,
als sei es ein Spiel, Genies
machen könnten, die Hoffnung gäben
für Stadt und Land,
bevor die Sonne untergeht.

Katrine, Katrine,
wie schwer ist deine Last.
Wir werden mit dir schmachten
und Politik verachten,
wenn sie nicht ständig für dich ist,
und neue Formen pachten.

Schließlich kamen diese Russen
selber vorbei, zwei Erwachsene,
vier unmündige Kinder und eine Großmutter,
kochten eine dunkle, heiße Suppe,
gingen allesamt danach leichtfertig in Spagat,

extrapolieren die dritte Wurzel
aus Pi hoch zwei und sagten,
Kommastellen verlachend,
nicht Einzigartigkeit sei von Nöten,
sondern die Einheit von Lust und Fleiß,
wichtiger als Heilversuche
an den Verlusten einer Erinnerung.

Fürwahr, schrecklicher sind wir
noch nie gemahnt worden,
obgleich wir wissen, daß die Ausbildung
der Schweißer Monate dauert,
die der Städtebauer Jahre
und die der Weisen eine Laune lang.
Gleich morgen werden wir fordern,
daß Kinder zu haben, die höchste Aufgabe ist,
jugendlich sein, eine Universität
unter dem besten Himmel,
und verkünden werden wir,
daß ohne Wissen und Muße
als Eltern zu bestehen
einem Schneckendasein gleichkommt ohne Haus,
nackt und bedroht auf öder Strecke.

Kirsche (*aus: Orchidee*)

Soll gehen,
kann nicht.
Soll stehen,
kann auch nicht.
Soll sitzen,
wackelt und schwankt,
fällt und dreht sich langsam
wie ein Tönnchen
auf der Schwelle,
gottseidank.

Soll nicht schielen,
tut's aber.
Soll greifen,
fasst immer daneben.
Soll fremden,
kräht jeden an.
Soll den Kopf wenden,
mag oft nicht.
Laut letzter Dünndruckausgaben
der Pädagogen unseres Lands
ist sie asozial,
hospitalisch
miomamphon,
kaloperbs
und kessalosast.
Was soll man damit machen?

Ins Herzzentrum?
Ins Hirnzentrum?
Zum Arbeitsamt?
Kathoden anlegen
und verlöten lassen?
Ins Polizeihauptquartier?

Lieben, lieben, sagen wir,
anfassen, besprechen,
trösten und abschlecken,
sie sich auf den Bauch legen
und schaukeln, bis die Bahn
der Sonne sich krümmt
und aus diesem kurzbeinigen Nagel,
bewaffnet mit Freundlichkeit,
Selbstbewußtsein und Lust,
eine Legende wird.

Dieses Gedicht wurde auch von Jürgen Klingel ausgewählt

| Hermann Schleicher-Rövenstrunck |

Herburger begegnete mir zum ersten Mal in Gestalt seiner wunderschönen Birne-Geschichten, die er ursprünglich für seinen Sohn schrieb: *„Wenn der Kopf die ganze Nacht alleine liegt, muss er abends was essen."* Und so dachte sich der Vater viele Birne-Stories aus, die ich nicht nur meinen Kindern, sondern auch in vielen Kinderfreizeiten und in der täglichen Kinder- und Jugendarbeit vorlas, weil sie einfach den alten und jungen Köpfen Anregungen zum Denken, Nachdenken und Diskutieren geben. Und sie sind, wenn auch in anderen Zusammenhängen, immer noch aktuell, denn sie sprechen Probleme an, die auch heute noch ständig wiederkehren.

In der hier vorliegenden Geschichte „Birne macht Reklame" kann man das sehr gut übertragen: Reklame heißt heute Werbung und sie erscheint nicht am Himmel, sondern im Fernsehen und im Internet. Birne wäre heute ein „Influencer" und sein Erfolg würde von seinen „Followern" auf Facebook oder Youtube an den „Likes" gemessen, die er erteilt bekäme. Als ich die kleine Geschichte neulich meinen Enkeln vorlas, kamen wir darüber in ein sehr gutes Gespräch.

Ein unversehens in der heutigen von Viren und entsolidarisierten Vereinzelung geplagten Zeit brandaktuell gewordenes Gedicht mag ich besonders: In „Die Quittung" schöpft eine lungenkranke Frau Hoffnung aus der Natur vor ihrem Fenster, während ein Maler vor dem Krankenhaus steht und dieser Hoffnung Gestalt gibt. Die Corona-Zeit hätte niemand treffender beschreiben können als Herburger dort in seinem 1993 erschienenen Gedichtband „Sturm und Stille". Das Gedicht, das auch von Anthimos Toupheksis ausgesucht wurde, findet sich daher auf Seite 146.

Ganz konkret visionär ist „Vergnügen" – Nicht nur selbst *„an Drachen hängen und sich selbst lieben allein"*, sondern gemeinsam „Arm in Arm" ein neues kreatives Miteinander entwickeln - mit Recht konstatiert

Herburger, dass dazu die Eigentumsverhältnisse und die Produktionsweisen geändert werden müssen.

Herburgers Lyrik ist keine leichte Kost, sie ist nicht schnell zu lesen und manchmal auch schwer verdaulich. Sie zwingt zur intensiven Beschäftigung, denn wortgewaltig umspannt sie den Bogen von realen Orten, Menschen, Gegenständen, Wissenschaften hin zu surrealen Ebenen und Dimensionen, die manches Mal kaum fassbar sind. Er schafft Platz für die Ausgestoßenen und Kranken, für die Außenseiter und am Rande des Todes Stehenden, berührt deren ganz eigene, oft vergessene Wirklichkeit und nimmt an ihr teil.

„Dramaturgischer und intellektueller Fleiß benötigen, als Unterbau, stets Realität, Wirklichkeit, sonst könnte sich Phantasie etlicher Abarten sowie utopischer Gebilde nicht bemächtigen. Was immer wir erleben, wird sortiert, vergessen, um bald oder in der Zukunft, die dann auch wieder wegrutscht, benützt zu werden", beschrieb er einmal treffend seine Gedankenwelt.

Im wunderschönen Gedicht „Heimat" beschreibt er diese mit all ihren schönen, widersprüchlichen, bittersüßen und schrecklichen Facetten. Heimat aber ist nicht nur ihm ein Ort, sondern auch seine Sprache, er schreibt: „Es wäre mir gleichgültig, ob ich einen finnischen oder einen italienischen Pass hätte, zuhause fühle ich mich in meiner Muttersprache wohl, auch in deutschen Konjunktiven. Es sind deren sieben Stück, eine verlässliche Quelle der Inszenierungen. Mein Beruf ist voll märchenhafter Neigungen. Da ich ihn fortführe bis zum Sarge, wird Heimat bleiben."

Zitate aus: „Der Schrecken Süße"

Birne macht Reklame

Reklame ist etwas, an das alle Menschen gewöhnt sind. Sie fangen nicht an zu lachen, wenn auf dem Fernsehschirm gezeigt wird, daß Vanilleeis gut schmeckt, obwohl Schokoladeeis viel besser schmeckt. Die Eisschränke würden hundert Jahre Eis produzieren, behauptet die Reklame. Seife schäume, daß man mit dem Fahrrad durch die Schaumberge fahren könne. Büstenhalter seien so haltbar, daß nicht einmal Ratten sie auffressen könnten. Dosenmilch rinne aus wunderschönen Kühen, obwohl jeder weiß, daß Mehl in die Sahne gerührt wird, um sie dick zu machen. Und das Zigarettenmännchen beruhigt sich erst, wenn es eine Zigarette erhält. Wer raucht, bekommt jedoch einen schlechten Magen und dünnes Blut und einen stinkenden Mund und zittert und tobt und schwitzt und rast in der Gegend herum, genau wie das Zigarettenmännchen. In Wirklichkeit regen Zigaretten auf. Leicht zu begreifen, sobald man sich vorstellt, daß man nie mehr etwas trinken müßte, wenn man viel Suppe essen würde. Ißt man aber Suppe, kann man trotzdem noch trinken. Reklame lügt also.

Nachts rast Birne über die Stadt hin und her und zeichnet eine gelbe Schrift an den Himmel. Sie heißt: PIPI TRINKEN!
Die Leute in der Stadt sehen die Schrift zuerst nicht, nur ein Lastwagenfahrer entdeckt sie, weil er gerade rückwärts an eine Wand gefahren ist und aus dem Führerhaus steigt, um nachzusehen, wieviel an seinem Lastzug kaputt ist. Pipi trinken, überlegt er, Pipi? Ich will Bier trinken, den Ärger herunterspülen. Er fährt seinen Lastwagen, der nur ein paar Schrammen und ein zerbrochenes Rücklicht hat, auf einen Parkplatz und geht in die nächste Kneipe. Er möchte ein Pipi, sagt er, ein Pipi. Er sagt nicht, ein Bier, meint es aber.
„Wir haben kein Pipi", sagt der Wirt.
„Was, Sie haben kein Bier", sagt der Lastwagenfahrer.

„Sie sagten Pipi", sagt der Wirt.

„Ich sagte Pipi und Pipi meine ich" sagt der Lastwagenfahrer. „Nein, Bier, sagte ich und Pipi meine ich! Nein, Bier! Nein, Pipi!"

„Schweinerei", schreit der Wirt. „Brauereien machen Bier, Pipi machen Sie selber. Raus mit Ihnen!"

„Wer mich anrührt, kriegt eine gescheuert", schreit der Lastwagenfahrer. „Ich trinke, was ich will! Pipi und Bier, nein nur Bier, nein, nur Pipi. Ich trinke überhaupt nichts mehr."

Er läuft aus der Kneipe. Auf der Straße bleibt er stehen und blickt nach oben. Am Himmel steht immer noch PIPI TRINKEN. Der Lastwagenfahrer stürzt wieder in die Kneipe und ruft, er wolle endgültig Pipi, das sei ein neues Getränk, am Himmel stehe es geschrieben. Die Gäste rennen aus der Kneipe und lesen den Reklamespruch, der über ihnen leuchtet. Pipi kann man nicht trinken, rufen sie, doch wenn es am Himmel steht, muß es doch möglich sein?

„Ich habe nur Bier", schreit der Wirt verzweifelt, „ich habe kein Pipi von der Brauerei!"

„Wir wollen Pipi", sagen die Gäste und rufen, „Pipi, Pipi, Pipi!"

„Macht euer Pipi alleine", sagt der Wirt. Er geht auf den Abort und schließt sich ein.

Birne hat gemerkt, daß in der Stadt unten nicht nur der Lastwagenfahrer Pipi trinken möchte, sondern auch andere Leute. Niemand weiß mehr genau, ob man nun Pipi trinken kann oder nicht. Nur die Kinder wissen es. Sie sagen, natürlich könne man Pipi trinken, es schmecke salzig und bitter. Die Erwachsenen würden sich nur nicht trauen, es zu versuchen, sonst wüßten sie schon lange, daß es nicht gut schmeckt.

Birne malt in Rot eine neue Schrift an den Himmel. Sie heißt: POPO MALEN. Birne rast wie ein Düsenjäger im Kreis und muß, damit die Buchstaben stehen bleiben, ständig weiterfliegen. Wenn sie aufhört, erlischt die Schrift, nur noch ein Punkt bleibt übrig, nämlich Birne selbst.

Popo malen, Popo malen, überlegen viele und starren zum Himmel.

„Hosen runter", rufen die Kinder.

„Wieso Hosen runter", fragen die Erwachsenen.

„Hosen runter und Wasserfarben her" rufen die Kinder.

Sie malen sich gegenseitig Streifen auf die Popos, Kringel und Flecken.

Dann gehen sie durch die Straßen und zeigen sich gegenseitig ihre Gemälde. „Wenn wir uns schon nicht trauen, Pipi zu trinken, wollen wir wenigstens auf Popos malen", flüstern die Erwachsenen.

Und tatsächlich, in dieser Nacht gehen viele Erwachsene mit heruntergelassenen Hosen und bemalten Pops durch die Stadt und trinken gelbe Säfte wie Ananassaft und Zitronensaft, denn Pipi schmeckt wirklich schlecht.

Birne aber malt einen neuen Reklamespruch an den Himmel.

Er heißt: PIPAPO.

Quelle: „Birne kann noch mehr"

Leben und schreiben *(aus: Ziele)*

Nun weine ich wieder,
lasse mich schütteln wie immer,
wenn ein Buch zu Ende ist.
Jahrelang schrieb ich, aß nur dasselbe,
ging zwischen Büro und Wohnung hin und her,
verwechselte das Leben nicht mehr
mit dem auf Papier
drängte, wie die Wirklichkeit,
von Entscheidung zu Entscheidung
und erfand, sobald es not tat,
auch zwei, drei Längen voraus.

Wo bin ich jetzt?
In der Luft oder in meinem Kopf,
der ebenso dem Herzen entspricht?
Die Familie sitzt um mich und summt,
meinen Schmerz und meine Tränen bedauernd.

Dann hat plötzlich das jüngste Kind
Druckerschwärze am Mund und kaut noch
Freunde der Söhne kommen und sehen
verlegen vorbei.
Unsere Katzen, die stets an derselben Stelle
eines Erbstückes kratzen, so daß dort
bald ein Loch entstehen wird, jagen sich.
Wie gesagt, der Platz für Wehmut und Schwäche
wird schon wieder kleiner,
als seien Gefühle nur der Klang von Taten,
die längst vergangen sind.

Ich werde mich aufraffen müssen
und nicht mehr meine Ordnung mit der,
die fortwährend entsteht, vertauschen wollen.
Grausam dieser Marsch von Tag zu Tag,
wenn die Verletzungen offen bleiben
und die Toten, die schon gezählt
und begraben worden sind,
immer noch bluten.

Eigens *(aus: Sturm und Stille)*

Ab und zu
erklangen noch Beugungsfehler,
eine Art Koketterie
verständlich nachlässig.

Im Scheinwerferlicht
wurden Axiome beantwortet,
aus denen Wartende,
sich abwechselnd beim Rauchen,
manchmal hochflogen
wie kleine, gelbe Wörterbücher
zur nächsten Decke.

Halten Sie noch aus,
wurde gefragt.

Sie kennen das zweite
thermodynamische Gesetz.
Wenn es nachgibt,
tritt Ruhe ein,
Zerstreuung, Gleichmut.
Wir könnten Sie totschlagen.

Bitte sehr!
Das heißt
Lampe aus, Dissipation.

Ab und zu
erklangen noch Beugungsfehler,
eine Art Koketterie
verständlich nachlässig.

Im Scheinwerferlicht gingen wir nach Hause,
würden schlafen
auf dem Boden in der Zelle
oder woanders.
Beispielsweise in Kleidern,
dann auf Wolken.

Vier Umkehrsätze wären vonnöten
entgegen der Thermodynamik.
1. Die Verteilung der Gedanken und Gefühle
bleibt unermeßlich.
2. Aus der Entropie bestreben sie
ein Maximum.
3. Gedanken und Gefühle erzeugen Handlungen.
4. Handlungen sind stets vergangen.

Diese hervorragenden Linien
innerhalb Aussagesätzen,
als gäbe es entlang den Spanten
der sterblichen Seele
gefrorene Musik
gleich eine sich selbst
speisende Kartei.

Heimat *(aus: Orchidee)*

Dort, wo ich geboren wurde
und immer wieder einkehre,
während mein Herz pocht und die Erinnerung
verlorene Bäume und Zäune zählt,
den Flug der Krähen ums Rathaus
kritischer betrachtet, als hätten
diese Vögel früher mehr Kraft gehabt,
dort nennt meine Mutter mir
ihre Gebrechen und die neuesten Toten;
dort esse ich, was mir nicht schmeckte,
jetzt ohne Widerspruch, während mein Bruder
nicht mehr spürt, seiner Tochter
eine Zopfmasche eindrehend,
daß er ihr wehtut;
dort geht mein dicker Freund,
neben dem ich in der Schulbank saß
und der mich oft schlug,
torkelnd nach Hause und schreit,
bis die Polizei ihm eine Spritze gibt;
dort verbünden sich die Anderen
auch nur nachts mit den Armen,
fallen sich um die Hälse
und blicken ihren Träumen nach;
dort bedeutet, Metzger zu sein,
der von Hof zu Hof fährt, das Vieh schlachtet,
mit dem Beil teilt und die Hälften
an die Nägel des Scheunentors hängt,
noch ein ehrenwerter Beruf;
dort bleiben die Jahreszeiten aneinandergereiht

gleich den Sprüchen des Bauernkalenders,
auch für Abweichungen gibt es alten Bescheid;
dort glaubte ich einst, die Beine
von Flamingos im Flußbett gesehen zu haben,
obwohl es nur Bachstelzen waren,
erregt von Stein zu Stein springend
zusammen mit Sonnenstrahlen,
gefangen in einem Netz
aus Übermut und Zärtlichkeit.

Vergnügen *(aus: Die amerikanische Tochter)*

An Drachen hängen
Und über Schneefelder fliegen,
an Drachen hängen
und aufwärts mit den Beinen
das Wasser am Strand meiden,
am Drachen hängen
und sich selbst lieben allein
hoch in der Luft,
ich habe es oft versucht.

Schöner aber ist jene Arbeit,
die es aber noch nicht gibt,
wenn wir Arm in Arm Autos bauen
wie Schlösser aus erstarrtem Schneckenschleim,
die sich in die Erde bohren
im Rückwärtsgang,
wir gehen nicht mehr heim,
wir schuften mehr als Akkord,
wir bleiben in der Fabrik
und erfinden in einem fort.

Oder aber wenn wir Nachtigallen züchten,
die sich durch Düngemittelgebirge fressen,
das Gift, das Äcker rein halten soll,
in ihre Schädel pressen
und dann lassen sie es hinten
als schmetternden Dung wieder auf die Erde fallen,
wir hören Triumph und Melodien hallen.
Klar schäumen Flüsse,

klar rinnen Küsse vom Tau zu den Pflanzen,
zu den Tieren, zu uns,
wer sich zusammentut und richtig wählt,
arbeitet nicht mehr umsonst.

Fleiß soll kein Schimpfwort mehr sein,
wenn Religion oder Hohn aus Mangel
sich gegenseitig schlachten wollen,
der Preis stellt sich von selber ein,
sobald wir die vollen Fabriken und Schienen
in Besitz nehmen, nicht mehr erschöpft,
sondern aus Freude die Güter
die phantastisch aussehen und nützlich bleiben,
auf die Rampen rollen,
wo Waschmaschinen weich wie Käse sind
und sich vor Schmutz verneigen,
wo Stifte sich in unserem Wissen waschen
und jeder Handschlag vorwärtsbringt.

So einfach könnte es sein,
wie ein Reim,
wie ein müheloser Kuß,
Voraussetzung ist,
daß man Arbeit und Waren
neu verteilen muß.

| Siegfried Späth |

Schon in den 1970-er-Jahren war ich, als Lehrling der Schwarzen Zunft den grandiosen Büchern von Günter Herburger verfallen; vom schmalen Lehrlingsgehalt eines Schriftsetzers kam jedes neue Werk umgehend in meine Bibliothek, die sich mit Werken von Bert Brecht, Heinrich Mann, Gerd Fuchs, Max von der Grün, Volker Braun, Alfred Andersch, José Saramago und vielen anderen Schriftstellern im Lauf der Jahre zu einer umfangreichen Sammlung auswuchs. Doch immer im Vordergrund: Günter Herburger mit seiner gewaltigen Sprachkunst.

„ …. in der Zukunft wird einer vom anderen lernen, wird in den Furchen die Mikroben um sich sammeln und im Weltraum Sternenstaub.

Es soll, wenn es gelingt, ein Fest werden gleich den feurigen Flüssen aus dem Erdinnern, wie die Schreie über den Brutkolonien an den Vogelfelsen Grönlands, abgestimmt mit dem begeisterten Flüstern der Röntgensignale von fernen Galaxien. Das Netz das uns umfasst, ist längst geknüpft."

Eine phantastisch-faszinierende Sprache: *„Betörend (ein Herburger-Lieblingswort, neben Heilandzack)"*, die grandiose Thuja-Trilogie ein Meisterwerk der deutschen Literatur. Über den genialen Kürbiskern, in dem hin und wieder Gedichte von Herburger veröffentlicht wurden bekam ich auch Zugang zu seinen Gedichtbänden.

Als Sozialist und Freidenker war ich auch von der DKP-Mitgliedschaft Herburgers durchaus angetan (die mir zu dogmatisch war und ihm später dann auch). So beschlossen wir, die Ulmer Freidenker*innen anno 2000, Günter Herburger zu einer Lesung seines Romans Elsa einzuladen. Die Lesung fand am 19. September 2000 im EinsteinHaus Ulm in der Ulmer vh statt. Aus diesem Anlass hat Günter Herburger für das Einladungsflugblatt und das Plakat ein Gedicht kreiert: Das Einhorn. Meine Frau zwang ich, dazu ein Plakat zu malen.

„Wer hat das wundervolle Plakat gemalt? Alles ist drin, die Vögel, das Einhorn, der Borkenkäfer, der Wiedehopf und die englische Penrose-Heuschrecke." So Günter Herburger in einem Brief.

Das Einhorn

Vielleicht äßt es
auf den Bullenweiden Nordfrieslands,
weiß, aschfahl,
wo die Vögel tot aus dem Himmel fallen,
erklärt von einem holländischen Portraitlicht
des 16. Jahrhunderts
mitziehender Wolken, ein paar Schauern.

Einzigartig das Gefühl,
auf Gottesgeraden unterwegs zu sein,
über die auch wiederkehrt ein Totemtier,
der Wiedehopf,
der mit dem langen Schnabel für Dung.

Die inzwischen unscheinbarste Kirche
ist jene für Tiere geworden,
da die Schreie
der Schweine, Esel
auch der Ameisen und Borkenkäfer
vom Himmel nicht wiederkehren.

Penrose, ein Mathematiker,
der Fünfecke sechs zu sieben
in fugenlose Versmaße zu bringen versucht,
hat gestanden.
seine Lieblinge seien Heuschrecken,
es werde ihm schlecht vor Augen,
es gibt in England diese Wesen allerdings kaum.

Günter Herburger

Das Gedicht „Das Einhorn" ist ein Unikat und ist in keinem Gedicht-band abgedruckt. Die Lesung war gut besucht, wohl auch weil das letzte Kapitel in Herburgers Roman Elsa auf dem Dachboden des Ulmer Münsters spielt.

„Makar Andreas Loth geht vom Bahnhof nicht direkt zum Münster, kauft sich zuvor noch einige Utensilien in der Hirschstraße ein und schminkt sich einmal die rissigen Lippen mit Milchfett ein, es ist Winter. Auf der Wendeltreppe zum Turm dann merkt er, er will nur hinauf, bevor er hinabschaut auf die putzige Stadt. Er findet eine Kammer in dem riesigen Geschoss über dem Kirchenschiff: Dort herrscht Großartigkeit. Und zur Liebsten zu Elsa hin, fragt er: Was ist Schönheit? Sind es hohe Wellen oder tiefes Meer?"

Nach der Lesung wurde dann in Herburgers Hotel gemeinsam gegessen und getrunken (Herburger liebte Trollinger). Doch nicht genug: eine neugierige Bande von Ulmer Freidenker*innen wollte mehr über die Phantastik Günter Herburgers erfahren, so fuhren wir gemeinsam zu uns nachhause. Dort wurde dann utopisch fabuliert und Günter Herburger erzählte aus seinem reichen und wilden Leben. Trank bis 5 Uhr früh Rotwein und rauchte wie eine Dampflokomotive, die wackeren Freidenker (außer mir, der ich zur Arbeit mußte), längst von der Wissensgewaltigkeit Herburgers betäubt. Ein unvergessliches Erinnerungskäpsele. Daher kennen wir auch den auf Günter Herburger angesetzten Stasi-IM, (wird nicht verraten). Seitdem war ich ständig mit Günter Herburger in Kontakt.

2003 führte er auf meinen Wunsch hin unsere Freidenkergruppe durch die Pinakothek der Moderne in München, wieder eine Zeitkapsel der besonderen Art: Begeisterung, ein vergnüglicher und mit Herburger-Anekdoten vollgespickter Tag.

Ulm *(aus: „Eine fliegende Festung")*

Genügend Sauerstoff in Stockwerken,
durch ein Tunnelsysstem huschen Fledermäuse.
Mit der Fackel in der Hand
eine Springmaus erledigt,
Fleisch hätte ermüdet,
zu lange Molekülketten.

Schnee fiel,
Soldaten umringten einen bewaldeten Hügel,
im Städtchen fingen
Tankstellen zu explodieren an,
ein heroisches Kinderspiel
meistens nachts.

Mund auf, Breilein hinein,
wieder Kraft, herum liegt Aas,
in Sicht kommen Wellblechschuppen und Straßen
mit Alleebäumen bis zu einem Schloss,
wo, ein Chiffontuch in der Hand,
Warwara Elisabeth winkt von einer Balustrade.

Sie löst
das letzte Kliniktier vom Hals,
Blut beginnt zu rinnen, Eigenspeise,
dann einzigartig im Föhnlicht
das Münster, Zentrum des Abendlands
mit mageren Kamelen, buckligen Schlagersängern
als Speiern.

Eine weitere Lesung dann am 26. September 2005: Auf dem Programm: Das Laufbuch „Schlaf und Strecke". Und wieder ein verrücktes Nachleseprogramm mit herburgertückischem Witz und Leichtigkeit. Diesmal übernachtete er gleich bei uns im „duftenden Stachelbeerweg" (so Herburger):

... Martin Walser, Reise in die Sowjetunion, Studien in der DDR, der üble Reich-Ranicki, Birne, Ann-Katrin, DKP, Ultramarathons, Säntis, Labyrinthe, Genuß, Vernunft, Stanislaw Lem, Isny, München, Berlin, Los Angeles, Feuchtwanger, Ernst Bloch, Hechelmann, Lauf und Wahn, Isar aufwärts, Flug ins Herz, Die Augen der Kämpfer, die Kommunistin Gisela Elsner, Eine Reise ohne Ende, Chemie gegen Depression, Buchenwald, grüne Hölle Allgäu, Higgs-Boson, Feldkraul, Schlitz-Meyer, Schwarzgeschirrspüler, schlurfende Fettschürze, Ulmer Nix, Elser, Kurier zwischen den Lagern, Ein Loch in der Landschaft, Hl. Christian, der Wiedehopf, Kügelchenhalskette, Kleinbürgertum, vollgestopfte Schubladen, fliegende Festungen, Sterbedatum: 2022, Die Eroberung der Zitadelle, Humboldt, Sucht und Erhabenheit, Lauf und Wahn, Thuja, Friedhöfe, Walbaum, Der Roman einer Sekunde ...

So wurde es wieder eine kurzweilige diskussionsfreudige lange Nacht. Den Isnyern war Günter Herburger nicht gewogen: und umgekehrt. Auch die Ulmer zählten nicht zu seinen Freunden: *„Ulm, die Münsterhuberei zwischen Großstädten wie Stuttgart und München, aus der noch heute die geballtesten Kleinbürger stammen, die in jeder Branche Millionäre werden wollen: Man gewähre ihnen blattgoldbelegte Totenbetten.*

2008 gelang Günter Herburger wieder ein grandioser Gedichtband: Der Kuss.

Die Erde *(aus: Der Kuss)*

Ihre Baggerseen sind blau,
bevölkert von Walen.
Ein paar Kontinente treiben einher,
als hätten Morcheln sich verabredet
für einen Zusammenschluss.

Blut tropft aus den Fingernägeln
mehrerer Sonnen, deren Folterwerkzeuge
wir noch nicht kennen.

Tierzeichen gibt es dort oben nicht,
eher Gardinen, die auseinanderstieben,
als wären Hühnerhöfe explodiert.

Familien und Fersengeld tauchen auf,
beschützt von Distelwäldern,
in denen Milchkännchen
den Zeitpfeil, verirrt im Dickicht,
in die falsche Richtung tragen,
Er schreit wie ein Gänserich.

Das nächste freundschaftliche Treffen mit seiner Lesung wieder in der Ulmer VH fand am 23. April 2013 statt. Er kam gerade aus München, wo der A1-Verlag ihm mitteilte, daß er seine Bücher nicht mehr verlegen könne, mangels Verkaufszahlen. Was Günter nicht erfreute.
Die Lesung war leider auch schwach besucht, sodaß wir nach einem gemeinsamen Essen wieder im Stachelbeerweg landeten und dort ein weinseliger wortwilder Abend endete.
Er erzählte, daß er nie von dem Verkauf seiner Bücher hätte leben können, die Auflagen seien zu gering gewesen. Nur Flug ins Herz, das auch als Taschenbuch erschien - knapp 1000 Seiten in einem Durchgang gedruckt auf der Cameron-Hochdruck-Maschine - bei Ebner Ulm. Davon wurden ca. 7000 Ex. verkauft, dann ging es mit den Auflagen abwärts.
Er fand keinen neuen Verlag mehr für seinen Gedichtband *Schatz* und seinen Roman *Ein Fötus singend (erschienen als Wildnis singend)*.
Ich habe dann Verlagskontakte aufgenommen, aber kein Verlag wollte traurigerweise mehr einen HERBURGER drucken und verlegen, eine Schande. Ich habe ihm angeboten die Gestaltung und Herstellung des Gedichtbands Schatz zu übernehmen, was ihn sehr freute; und ein Freidenker von der Schwäbischen Alb, der den Kugelberg-Verlag gründete, war bereit den Band zu veröffentlichen. Wie befürchtet lag und liegt der Band trotz kleiner Auflage wie Blei in den Buchhandlungen.
Durch die Krankheit seiner Frau fand er auch keine Möglichkeit mehr in Ulm an einer Lesung teilzunehmen. Für den Freidenker-Kalender 2016 Motto: Revolutionen - Lokomotiven der Geschichte, schrieb er für uns das Gedicht: Die Lieblingsrevolution als Vorsatz.
Im Herbst 2017 bat er mich, die Herstellung von seinem in Arbeit befindlichen Gedichtband *Stolz der Urnen* zu übernehmen. Was so geschah und der 1. Entwurf mit dem Manuskript und anderen Utensilien im Postpaket sollte Günter zu seinem 86. Geburtstag erreichen. Tragischerweise konnte er keine Korrekturen mehr vornehmen. Vielleicht wird der Gedichtband zu seinem 90. Geburtstag veröffentlicht.

Die Lieblingsrevolution *(aus: Stolz der Urnen)*
Erstveröffentlichung Freidenker-Kalender 2016

Wenn Tisch und Stühle sich nähern,
hören wir nur vormittags,
daß sie zu flüstern beginnen,
doch was sie sagen, gehört ihnen.

Tiegel und Pfannen im Schrank
sind stumm. Plötzlich ein Krach.
Nichts hat sich verändert,
wir können uns bedienen.

Bei einem Sturm im Volkspark
wechseln die Bäume ihre Blätter.
Die Eichen werden zu Spitzahorn,
die Linden zu dorniger Grütze.
Ein Gemetzel gibt es nicht.

Das Wasser, oh, das Wasser beherberge
Botschaften wie Kopfstöße, wisse alles,
wird gesagt. Wieviel Religiosität steckt
in einem Stausee, wenn er entzwei geht?

Der Reichtum der Schweißdrüsen
wandert in die Kirchen aus, begrüßt
von Weihrauch und Myrrhe. Ihr Lebendgewicht
beträgt Tonnen ohne Sehnen.

Nachzumalen die Würde des Apfels,
der Gurke, des Kohlblatts in einem Stillleben.
Ein Haufen Kopien sind inzwischen genauso gut
Wie das Original.

Das weiße Sofa voll Blut, die Tochter
hebt begeistert ihren Arm,
wir jubeln vor dem Fenster.
Nun ist sie Frau geworden.

Mogar-Regale von Ikea
werden hunderttausendfach verkauft,
besonders in Saksa, weshalb wir
wieder Ordnung halten können.

Die Suppe benötigt einen halben
Vierling Butter, Petersilie und Zwiebeln,
das gewiegte Gehirn in Bouillon,
die Nation ißt auf Knien.

Eine Jungfrau japanisch ist keine,
Sie verkleidet sich als Ärztin,
verdient Zuschuss in einer Boy-Box,
zuhause gibt sie das Geld der Familie.

Die Junge sagt, ich ehre Euch,
ich ehre euch immer mehr,
ich ehre euch immer mehr und dazu,
ich ehre Euch immer mehr und dazu Frau Gevatterin.

Mord ist das Handwerkszeug der Mächtigen.
Eine Torte ins Gesicht verleiht
Kraft den kleinen Mädchen.
Sie tragen Tracht mit Schürzen.

Faltmetalle biegen sich millionenmal
selbständig und wieder zurück.
Ihre Kristalle gleichen Frisuren.
Wie Ordensschnallen lassen sie sich ehren.

Die Gewaltlosigkeit sei gleich
Elektrizität zu Edisons Zeiten,
sagte Gandhi. Er wurde ermordet.
Rote Brüllaffen beschimpften die Polizei.

Zwei hurtige Frösche winken sich zu,
springen auf und nieder hinter Glas,
Gerührt schaut die Öffentlichkeit zu,
bis die gelben, giftigen Kerlchen verschwinden.

Die indische Sternschildkröte
berührt mit ihren eleganten, weißen
Rückenrippen den Weltenraum. Frißt nur Pflanzen.
Tiere gehen vorbei und beschnüffeln sie.

Gestirn *(aus: Ein Loch in der Landschaft)*

Gott war wieder da,
er brauchte weder Zeit noch Stürme,
hatte alle Texte schon gelesen,
scheint zu würfeln.
Er ist umgeben von Silberfischen,
die er sich gönnt,
schon werden sie zu Spiralnebeln.

Einzigartig,
daß er weder wartet noch flieht.
Er langweilt sich auch nicht,
braucht weder Sinne, Palmwedel noch Schmerzen.
Vielleicht lärmt er ein wenig und singt,
entlässt aus seinem Daumennagel Dukaten,
die selbstständig entzweihieben.

Er kennt wohl das Wörtchen Mai
und das Wort Weihnachten,
mag Sperlinge, die er zwischen seinen Fingern
erwürgt wie einst Cosimo der Jüngere,
gemalt von Agnolo Bronzino.

Gott hat einen Scheitel,
sträubt sich nicht gegen Haare.
Ist er vorsichtig? Wohl kaum,
sonst wäre er mäuseflüchtig.

Wenn er heiratet, regnet es,
als ducke er sich oder stampfe
eine ganze Schüssel gezuckerter Beeren.

Gott ist nicht geschlechtlich,
aber Parthenogenese kennt er auch nicht.
Wir sind nicht die Einzigen,
die über ihn nachdenken.

Falls er zu buchstabieren begönne,
klänge es grässlich,
wie ein halbiertes Orchester,
das sich falsch wieder zusammensetzt.

In der Antarktis *(aus: Schatz, Liebesgedichte)*

gibt es eine Tür
zum Jüngsten Gericht,
hinter der Millionen Samen
lagern für die Zeit danach.

Er und sie
sortieren dort,
schaufeln um,
verfallen in Zuckungen,
Körnchen nagend.

Beide denken nicht an die Zukunft,
doch mit ein wenig Mutterkorn im Mund,
könnte es bald sein.

| Jürgen-Peter Stössel |

Spielzeit *(aus: Ein Loch in der Landschaft)*

Der Silberbär trippelt
bei fünfzig Grad Hitze
allein umher auf Suche nach Futter.

Während seines kurzen Lebens
multiplizieren sich rasende Herzschläge
mit den Teilen zerstäubter Ameisen,
die das Insekt frisst.

Heraus kommt eine perfekte Zahl,
die vierhundertfünfzigtausend-
sechshundertdreiundsechzig Stellen besitzt,
ein tosend leerer Fleck am Hang
einer kristallinen Wanderdüne,
die mehrstimmig sich fortbewegt.

Wahr ist das alles nicht, aber richtig,
eine Art Barfußtheologie,
bevor in der Erbse des Glaubens,
dem Haus des Ichs,
der Tod einbricht
und den Muttermantel zersticht.

Der Silberbär klettert auf einen Ast
und sperrt das Maul auf,
um sich noch einmal abzukühlen,
dann stirbt auch er.

Ein Gedicht auswählen, persönliche Gründe nennen, warum gerade dieses, das fiel mir viel schwerer, als ich bei der Einladung zur Gedenkanthologie angenommen hatte. Obwohl nur sieben Bände, also nicht einmal, wenn ich richtig gezählt habe, die Hälfte der zu Lebzeiten von Günter Herburger veröffentlichten Sammlungen seiner Gedichte bei mir im Regal stehen. Zudem steckten ja Merkzettel in meinen Büchern, und ich glaubte, das Gesuchte bestimmt zu finden in „Ein Loch in der Landschaft", 2010 im A1-Verlag erschienen. Auf dessen Umschlag ist ein brasilianischer Kokosraspellöffel abgebildet. Der hat sich mir eingeprägt als passend zu Herburgers Spiel mit Wirklichkeitsstücken, die er, oft in den entlegensten Gegenden, aufgelesen und mit sich herumgetragen hat, bis sie irgendwann Teil seiner traumhaft inszenierten Sprachwelt wurden.

Mein Einlegzeichen in dem genannten Band markierte aber das Gedicht „Spandau". Hatte ich damit das in dem Berliner Bezirk bis 1987 betriebene Kriegsverbrechergefängnis assoziiert, so führten schon die Anfangszeilen zu *Huflattichwäldern, / wo selbst Wildschweine / zu frömmeln beginnen..*, und ich erinnerte mich dann, dass Herburger hier die real existierende Vergangenheit weit hinter sich ließ, um von einer Zukunft zu berichten, die umso wahrscheinlicher ist, je weniger sie unsere Spezies für möglich hält: *Bläulich schimmernde Pferde / aus der irischen See / haben die Herrschaft übernommen....Wir werden nie mehr da sein, / auch nicht auf anderen Planeten.*

Doch wie tröstlich die poetische Vorstellung darüber hinaus weist, entdeckte ich erst jetzt, als mir gleichsam am Wegrand dieses Gedicht wieder begegnete. Also seien noch die beiden letzten Strophen zitiert: *Die Erinnerung bleibt / in den weichen Nüstern der Pferde, / in den Seitenwinkeln ihrer Augen, / die immer erstaunt aussehen / beim Spiel der Ohren oder wenn Wellen / über das Fell laufen, zerstochen / von Bremsen, vielleicht sind es wir. // Die Schweife, oh, die Schweife, / sie putzen und streicheln über die Höcker, / ein solches Behagen gab es noch nie.*

Dem Gefühl eines Herburger aus meiner Sicht besonders kennzeichnenden Gedichts auf der Spur, griff ich zu „Der Kuss", zwei Jahre vorher ebenfalls von dem (2017 leider aufgelösten) A1-Verlag in München herausgebracht. Darin blätternd, stieß ich zunächst auf *Ein Schwein am Hang, es lacht, es singt und tanzt. / Ich liebe es und es liebt mich.*

Die Überschrift „Der Fels, er rollt" wies jedoch in eine andere Richtung als der Titel, dessen schwäbische Verkleinerungsform, mir von klein auf vertraut, zum Küssen zärtlich klang: „Saurüssele". Angesprochen ist nur die weibliche Form der am längsten zur Fleischerzeugung gehaltenen Haustiere, die ihre Nutzer anmaßend als dumm und schmutzig verleumden, im Kompositum „Drecksau" gesteigert zum Schimpfwort für jemand, der ekelhaft und abstoßend ist. Redensarten wie „zur Sau machen" oder „unter aller Sau" zeugen gleichfalls vom Hochmut des sprechenden Viehs, das nicht zu hören vermag, wie die zum Schlachten getriebenen Lebewesen zu singen beginnen.

Taub sind solche Aufrechtgeher auch für die Konzerte von „Blättern und Geschmeiß" auf den „Häufchen", welche die uns konstitutionell so ähnlichen Allesfresser hinterließen auf der Weide, wenn wir sie dort, in der Gemeinschaft von Igeln, leben und sterben ließen.

Dazu, mahnt der Dichter, müssten wir uns ein Beispiel nehmen und nicht so unbarmherzig menschlich sein.

Nun erfuhr ich freilich, dass ein Kollege dieses Gedicht bereits für sich ausgesucht hatte, und. nahm erneut „Ein Loch in der Landschaft" zur Hand. Diesmal half ein mit Bleistift angestrichener Satz meinem Gedächtnis auf die Sprünge: *Wahr ist das alles nicht, aber richtig.*

Ja, natürlich. „Spielzeit" las ich oben auf der Seite, und die Premiere der Gedicht-Saison war der *Silberbär*, kein Säugetier, das wegen seines wie das Edelmetall glänzenden Fells so genannt wird, sondern ein Ameisen fressendes Insekt. Was der lyrische Entomologe über die rasenden Herzschläge des kurzlebigen Wesens weiß, ist nicht weniger zutreffend als die höhere Mathematik der mehrstimmig sich fortbewegenden kristallinen Wanderdüne. Und bloß eine pedantische Alltagsvernunft könnte den in der Erbse des Glaubens einbrechenden Tod bezweifeln.

| Anthimos Toupheksis |

Wenn ich von Günter Herburger spreche, verorte ich ihn, den geistreichen Romanschriftsteller, streitbaren Kommentator und begnadeten Läufer, gerne auf dem Erdboden. Wenn ich jedoch seine Gedichte lese, sie im günstigsten Fall aus seinem Munde hören darf, dann verlasse ich den Erdboden.

1979, im Vorwort zu seinem Gedichtband „Orchidee", rät Herr Herburger dem Leser, „Gedichte ruhig als Luftschiffe zu benutzen, denn wer nicht zu fliegen wage, verzichte auf Übersicht und Mut."

Der heutige Abend steht unter dem Motto „Poesiewolken". Im April 2007 durften wir Herrn Herburger anlässlich seines 75. Geburtstages im Refektorium begrüßen. Der Leitspruch lautete damals „Stallschwalben, Kolibris, Raublibellen".

Wir verlassen also den Boden und begeben uns in die Lüfte.
Dies sollten uns wichtige Fingerzeige zum Verständnis seiner Poesie sein. Verstehen sie mich bitte nicht falsch wenn ich von „verstehen" spreche … aber das Wort „verstehen" kann man nun mal in diesem Zusammenhang leicht falsch verstehen. Lassen sie mich daher lieber andere Worte finden.

Seine Gedichte kann ich sehen und fühlen. Sie können mich berühren, erregen oder auch aufregen oder mich schaudern machen. Ich möchte vor ihnen fliehen oder mich von ihnen kosen lassen. Sie sind ein sich veränderndes Wolkengebilde oder ein im Flug befindlicher Vogelschwarm. Was kann ich da alles sehen und hineinlegen!

Und wenn sie nun nicht Meteorologe oder Ornithologe werden wollen, dann haben wir uns verstanden. Doch lassen Sie mich wieder auf die Erde zurückkehren.

Günter Herburger ist nicht nur Langstreckenläufer wie wir wissen. Er ist, und das wissen nicht viele, Archäologe. Er gräbt auf Wiesen und Feldern, in den Bergen und Städten. In Palästen und Reihenhäusern. In Zoos und Schlachthäusern. Auch auf Schlachtfeldern scheut er sich nicht sein Grabungsinstrument zu nutzen.

Er sucht. Worte. Vergessene Worte. Wortfragmente. Noch nie gehörte Worte. Er findet und setzt zusammen. Die Funde aus dem Schlachthaus und die Funde aus dem Blumengarten. Holt er uns lang Verlorenes ans Licht, vor dem wir dann staunend stehen können? Oder baut er neue Welten aus dem Gefundenen? Welten deren Schrecken und Schönheit uns ergreifen können.

Ich freue mich außerordentlich nun den Wolken aus Herrn Herburgers Mund zu lauschen.

Einführung zu Günter Herburgers Lesung „Poesiewolken, Gedichte, Un-veröffentlichtes" am 10. Juli 2011 im Kunstraum Isny

Die Quittung *(aus: Sturm und Stille)*

Ein Maler,
berüchtigt für seine Trunksucht,
erklärt, er sei der Welt
noch ein Meisterwerk schuldig.

Unterdessen stammelt eine Lungenkranke
erneut im Fieberwahn,
daß sie sterben müsse.

Gegenüber ihrem Fenster
reißt der Wind
Blatt um Blatt
von einem Efeu ab.

Die Kranke beteuert,
sie werde gesund,
wenn die Pflanze
nicht alle Blätter verliere.

Im Frühjahr
nach Eis und Stürmen
entdeckt die Kranke.
daß ein besonders schönes Blatt
übriggeblieben sei
namens O'Henry.

Später wird erzählt,
der Maler habe,
gefunden am Fuß einer Leiter,
auf der Mauer gegenüber
der Kranken Fenster
sein Meisterwerk vollbracht.

Günter Herburger schrieb am 15.2.2018 an Anthimos Toupheksis:

... deine Winter-Allgäu-Motoring-Postcard ist phantastisch. Ich schaue sie immer wieder an, auch Katrine findet sie toll.

Anthimos Toupheksis
Der Phoenix ist gelandet, 2017
Collage
235x335 mm
(aus der Serie: Das stille Allgäu)
Privatsammlung, Essen

Günter Herburger am 12.7.2017 an Anthimos Toupheksis:

... da stehen sie, als würden sie wackeln, was sie aber nicht tun, die hölzernen Stelen, ähnlich tumbleweeds, und gleich vorn gibt es einen rabiaten Weltraumkreisel, der auch ungleich ist und deshalb aufzusteigen vermag, gestützt von einem verpackten Heuballenballon.

Anthimos Toupheksis
Die große Genugtuung, 2017
Collage
233x332 mm
(aus der Serie: Das stille Allgäu)

| Jan Wagner |

Zu Günter Herburgers Gedicht „Unterwegs"

Unterwegs *(aus: „Sturm und Stille")*

Nachts,
wenn ich nicht schlafen kann,
stelle ich mir vor,
wie du dich auf mich legst
und mich beschwerst.

Ich bin das Boot,
du bist die Ladung
für die Expedition.

Und niemals, Liebste,
gehen wir unter,
selbst wenn die Fahrt
durch Stromschnellen führt.

Manchmal bin ich oben,
meistens bist es du,
doch auch in ruhigen Gewässern
hebt keiner sein Gesicht,
als bräuchten wir
immer weniger Luft.

Daß die Liebe eine Reise sei, lehrt uns schon die Sprache, die wir nutzen, um über diese Liebe zu reden – ob wir uns miteinander zu gehen entscheiden, bis ans Ende sogar, ob wir mit unserer Beziehung Schiffbruch erleiden oder unsere Wege sich trennen. In dem Roman Clélie der Madeleine de Scudéry aus dem siebzehnten Jahrhundert weitet sich diese grundlegende Metapher zu einer ganzen Welt, zur berühmten „Carte de Tendre" nämlich, einer Landkarte des imaginären Landes Tendre, auf welcher sämtliche möglichen Routen zur Liebe verzeichnet sind, die am Fluß der Neigung entlang zum Ziel führen können, aber auch ins unbekannte Terrain, zum Meer der Gefahren oder, schlimmer noch, zum See der Gleichgültigkeit.

Günter Herburgers Gedicht „Unterwegs" verzichtet auf all die großen Begriffe, es erstellt keine prunkvollen Tafeln und Karten, und wenn er das traditionelle Bild der Liebesreise aufgreift, dann indem er ihm einen winzigen, aber effektiven Dreh ins Neue gibt, also nicht ein Paar auf den Weg schickt, sondern es zu Boot und Ladung einer Expedition werden läßt: „Nachts,/ wenn ich nicht schlafen kann,/ stelle ich mir vor,/ wie du dich auf mich legst/ und mich beschwerst." Ein solches Liebesgewicht – herrliches Paradox! – erleichtert das Dasein, mag auch dazu führen, daß sich ohne Angst einschlafen läßt; seinen Zeilen aber mutet Herburger keinerlei Schwere, mutet er nur das an Bildlichkeit und an formalen Mitteln zu, was unbedingt nötig ist. Die einfachsten Lieder sind ja stets am schwierigsten zu schreiben, und wirklich könnte jeder Prunk, jeder lyrische Schnörkel ein solches Liebesreisengedicht so rasch zum Kentern bringen wie die berühmte Vasa des schwedischen Königs, jene Galeone, die vor lauter kostbaren Aufbauten und imperialer Pracht schon bei der Jungfernfahrt vor Stockholm nach wenigen hundert Metern kläglich zum Grund hinab sank. Bei Herburger aber, das ist die Kunst, unterstreicht der Verzicht auf jegliche überbordende Rhetorik die Zärtlichkeit dessen, was gesagt wird; die Eindringlichkeit entsteht erst durch die Unaufgeregtheit der Zeilen, selbst da, wo von Stromschnellen die Rede ist. Und wie der Atem des einschlafenden Liebenden, der sich seiner Liebe gewiß sein darf, ruhiger und ruhiger wird, führt auch die Expedition über die Stromschnellen in ganz und gar stille Gewässer hinein – und zu den anrührenden Schlußzeilen: „Manchmal bin ich oben,/ meistens bist es du,/ doch auch in ruhigen Gewässern/ hebt keiner sein Gesicht,/ als bräuchten wir/ immer weniger Luft." Es gibt Menschen, die von nichts als Luft und Liebe leben können. In ganz seltenen Fällen reicht schon die Liebe – vorausgesetzt, die Poesie kommt hinzu.

Gesamtwerk von Günter Herburger

Aus dem Gesamtwerk sind die hier enthaltenen Gedichte **fett** *gedruckt.*

★ *Eine gleichmäßige Landschaft. Erzählungen.*,
     Verlag Kiepenheuer & Witsch, Köln Berlin 1964.

★ *Ventile. Gedichte.*
     Verlag Kiepenheuer & Witsch, Köln Berlin 1966.

★ *Die Messe. Roman.*
     Luchterhand Literaturverlag, Neuwied Berlin 1969.

★ *Jesus in Osaka. Zukunftsroman.*
     Luchterhand Literaturverlag, Neuwied Berlin 1970.

★ **Training.** *Gedichte.*
     Luchterhand Literaturverlag, Neuwied Berlin 1970.

★ *Birne kann alles. 26 Abenteuergeschichten für Kinder.*
     Luchterhand Literaturverlag, Neuwied Berlin 1971.

★ *Birne kann noch mehr. 26 Abenteuergeschichten für Kinder.*
     Luchterhand Literaturverlag, Darmstadt Neuwied 1971.

★ *Die Eroberung der Zitadelle. Erzählungen.*
     Luchterhand Literaturverlag, Darmstadt Neuwied 1972.

★ *Helmut in der Stadt*
     Rowohlt Verlag, Reinbek bei Hamburg 1972.

★ **Die amerikanische Tochter.** *Gedichte, Aufsätze, Hörspiel, Erzählung, Film.*
     Luchterhand Literaturverlag, Darmstadt Neuwied 1973.

★ **Operette. Gedichte**
   Luchterhand Literaturverlag, Darmstadt Neuwied 1973.

★ *Schöner kochen. In 52 Arten,*
   Verlag Eremiten-Presse, Düsseldorf 1974.
    (zusammen mit Birte Lena)

★ *Birne brennt durch. 26 Abenteuergeschichten für Kinder*
   und Erwachsene.
   Luchterhand Literaturverlag, Darmstadt Neuwied 1975.

★ *Hauptlehrer Hofer. Ein Fall von Pfingsten. Zwei Erzählungen.*
   Luchterhand Literaturverlag, Darmstadt Neuwied 1975.

★ **Ziele. Gedichte.**
   Rowohlt Verlag, Reinbek bei Hamburg 1977.

★ *Flug ins Herz. Roman.*
   Luchterhand Literaturverlag, Darmstadt Neuwied.
   (Teil 1 der Thuja-Trilogie).
   Band 1, 1977 - Band 2, 1977.

★ **Orchidee. Gedichte.**
   Luchterhand Literaturverlag, Darmstadt Neuwied 1979.

★ *Die Augen der Kämpfer. Roman.*
   Luchterhand Literaturverlag, Darmstadt Neuwied.
   (Teil 2 der Thuja-Trilogie).
   Band 1 Erste Reise, 1980 - Band 2 Zweite Reise, 1983.

★ *Blick aus dem Paradies. Thuja. Zwei Spiele eines Themas.*
   Luchterhand Literaturverlag, Darmstadt Neuwied 1981.

★ *Makadam. Gedichte.*
   Luchterhand Literaturverlag, Darmstadt Neuwied 1982.

★ *Das Flackern des Feuers im Land. Beschreibungen.*
   Luchterhand Literaturverlag, Darmstadt Neuwied 1983.

★ *Capri. Die Geschichte eines Diebs.*
   Luchterhand Literaturverlag, Darmstadt Neuwied 1984.

★ *Das Lager. Ausgewählte Gedichte 1966–1982.,*
   Luchterhand Literaturverlag, Darmstadt Neuwied 1984.

★ *Kinderreich Passmoré. Gedichte.*
   Luchterhand Literaturverlag, Darmstadt Neuwied 1986.

★ *Kreuzwege.*
   Oberschwäbische Verlags-Anstalt, Ravensburg 1988.

★ *Lauf und Wahn*
   Luchterhand Literaturverlag, Darmstadt 1988.

★ **Das brennende Haus. Gedichte.**
   Luchterhand Literaturverlag, Frankfurt am Main 1990.

★ *Lena. Die Eroberung der Zitadelle. Zwei Erzählungen.*
   Luchterhand Literaturverlag, Frankfurt am Main 1991.

★ *Thuja. Roman.*
   Luchterhand Literaturverlag, Hamburg Zürich 1991.
   (Teil 3 der Thuja-Trilogie).

★ **Sturm und Stille. Gedichte.**
   Luchterhand Literaturverlag, Hamburg 1993.

★ *Das Glück. Photonovellen.*
   A1 Verlag, München 1994.

★ *Traum und Bahn, 1994*
   A1 Verlag, München 1994.

★ *Birne kehrt zurück. Neue Abenteuergeschichten.*
   Luchterhand Literaturverlag, München 1996.

★ *Die Liebe. Photonovellen.*
   A1 Verlag, München 1996.

★ **Im Gebirge. Gedichte.**
   Luchterhand Literaturverlag, München 1998.

★ *Elsa. Roman.*
   Luchterhand Literaturverlag, München 1999.

★ **Der Schrecken Süße. Mini-Photonovelle.**
   A1 Verlag, München 1999.

★ *Humboldt. Reise-Novellen.*
   A1 Verlag, München 2001.

★ **Eine fliegende Festung. Gedichte.**
  A1 Verlag, München 2002.

★ *Schlaf und Strecke*
  A1 Verlag, München 2004.

★ *Der Tod. Photonovellen.*
  A1 Verlag, München 2006.

★ *Trilogie der Verschwendung. Das Glück, Die Liebe, Der Tod.*
  Photonovellen.
  A1 Verlag, München 2006.

★ **Der Kuss. Gedichte.**
  A1 Verlag, München 2008.

★ *Die Trilogie der Tatzen. Drei Essays von Günter Herburger*
  und achtundvierzig Monotypien von Günther Förg.
  Snoeck Verlag, Köln 2008.

★ **Ein Loch in der Landschaft. Gedichte.**
  A1 Verlag, München 2010.

★ *Haitata: kleine wilde Romane.*
  A1 Verlag, München 2012.

★ **Schatz, Liebesgedichte.**
  Kugelberg-Verlag, Gerstetten 2015.

★ *Wildnis, singend. Roman.*
  Hanani Verlag, Berlin 2016.

Inhaltsverzeichnis: